대 칭

우종율 수필집

대 칭

우종율 수필집

1판 1쇄 인쇄/ 2011년 10월 25일
1판 1쇄 발행/ 2011년 10월 30일

지은이 / 우종율
펴낸이 / 우희정
펴낸곳 / 도서출판 소소리

등록 | 제300-2007-21호
주소 110-521 서울 종로구 명륜동 1가 33-90
　　　　　　경주이씨 중앙회빌딩 302-1호
전화 | 765-5663, 766-5663(Fax)
e-mail : sosori39@hanmail.net
www.sosori.net

값 10,000 원

*잘못된 책은 바꿔드립니다.

ISBN 978-89-97294-02-2　　03810

대 칭

우종율 수필집

책머리에

  틈입(闖入)이란 단어를 보고 놀란 적이 있다. 사전적 의미로는 '기회를 봐서 느닷없이 뛰어 들어감'이니, 틈(闖)은 '말(馬)이 문을 나오는 모양'이라. 닫혔던 문이 열리면 말이 그냥 나올까 보냐, 과연 나는 말처럼 화악 나가 본 적이 있는가. 옳게 칼이라도 한 번 빼보기는 했는가.

  나에게 묻노니, 어느 작가의 말처럼 '도덕적, 감각류적 관념'에서 얼마나 탈피했느냐, 얼마나 공복인 상태에서 글을 썼느냐, 글을 쓰매 한 번은 겪은 일이냐. 헝가리 비평가 게오르그 루카치는 수필을 일러 '좀처럼 붙잡기 힘든 인간 영혼의 가장 은밀한 곳에 자리 잡은 마음의 미세한 풍경'이라 했다. 과연 나는….

  등단 6년째다. 수필의 속살을 만져보기는커녕, '수생수사(隨生隨死)'의 정신으로 치열하게 쓰고 싶었던 초기와는 달리 늘 소재 빈곤, 의미화 부재로 숙제 미룬 아이가 되어가고 있다. 머리맡에 해결하지 못 한 서류들처럼 어지럽게 늘려있는 것을 보고 언젠가 깔끔하게 결재를 하고 싶었다. 주위에서도 "더 데리고 있으면 옛 것

이 되니…" 무언의 압력들이 빗발친다. 심기일전하여 새로운 글쓰기를 꿈꾸듯 전환하고 싶었다.

　나이가 많다는 이유로 이력서를 거부한 기업체를 뒤로하고 세 해 넘게 힘든 자리에서 일하며 그들과 동거하고 있다. 주물공장 근로자, 용접공, 가스배달원, 자동차 부품조립공, 알루미늄샷시공 …. 예전, 고등학교 졸업과 동시에 카시미론 이불 한 채 달랑 들고 바닷가 옆 조선소 독신자 숙소에 들어갈 때 기분이었다. 하지만 거기엔 미처 보고 느끼지 못 했던 정이 있었고 눈물도 있었다. 여태껏 살아오며 미처 발견하지 못했던 소재들이 무진장 깔려있었다. 아웃사이더, 그동안 나는 너무 노른자만 찾아 다녔다.

　이제 수필마당에도 젊은이들이 판을 치고 있다. 그들이 맘껏 놀 수 있는 배꼽마당같은 난장이 트였으면 좋겠다. 내 비록 일천하지만 24시간 편의점에서도 언제든지 접할 수 있는 수필을 만날 그 날을 학수고대하며 정진하고 싶다. 마음 밭은 항상 젊은이다.

　백내장 수술을 몇 번 받고 보니 짝눈이요, 중이염을 앓다보니 짝

귀가 되었다. 넘어져 왼손가락이 굽은 채 펴지지 않는다. 내 몸 구석구석이 대칭에서 멀어지고 있다. 원 상태로 돌려보려고 수술도 하고 여러 방법을 써보았지만 허사, 이제 어쩌랴. 데칼코마니기법은 요원한 일. 억지춘향 격으로 글로 짜 맞춰 보지만 이보다 더 어려운 일은 세상에 없는 것 같다.

   많은 분들의 이미지가 떠오른다. 먼 곳에서 항상 안타깝게 지켜봐 주시는 H선생님, 내 모든 걸 다 주어도 아깝지 않은 친구들. 생면부지인 내게 한마디 말도 없이 출판을 도와 준 소소리, 힘든 기색 없이 내리 십 년 가까이 가계를 평정해 준 아내, 아버지는 늘 돈이 되지 않은 일에만 머리를 싸맨다며 핀잔을 주는 아이들, 그래도 자기들의 영역을 스스로 개척해 나가는 애늙은이 같은 세 아이들, 올해 새로 우리 가족에 합류한 사위 주현, 모두들 고맙다.

2011년 가을 고령 다산 사문진에서

일우 우종율

우종율 수필집 — 대 칭

▷ 차 례

▷ 책머리에

1. 피 [稊稗]

한거(閑居)한 날

낚시터에서 —▸13
두꺼비 혼자 보기 —▸18
벌이 되다 —▸21
파리와 왈츠 —▸26
매미 오줌[蟬尿] —▸29
피[稊稗] —▸33
수필을 팝니다 —▸37
루드베키아와 뚱딴지 —▸40
향내와 향연 —▸44
삶은 돼지고기에 대한 단상 —▸49

2. 못

묶다

- 55 — 부조금 단상
- 58 — 나비, 바람 속에 잠들다
- 62 — 구묘지간(鳩猫之間)
- 67 — 허수아비
- 72 — 허 기
- 82 — 만(鰻)과 만(饅)
- 87 — 관 계
- 97 — 못
- 101 — 떴다, 출서방

3. 눈

새벽

- 109 — 모노드라마
- 114 — 잉꼬 살리기
- 118 — 숨은 그림 찾기

종이꽃 —▸122
눈 —▸127
화사(花蛇) —▸131
질 주 —▸136
구도를 위한 삽화 —▸139
시위를 떠나는 화살처럼 —▸142

4. 계단

파고들다

칼 날 —▸149
대 칭 —▸153
섬진강 재첩국 —▸158
뒤 란 —▸162
경계에 서서 —▸166
간 격 —▸170
계 단 —▸175
화룡점정을 꿈꾸며 —▸180
쪽지편지 —▸190

5. 덫

유혹

207 · — 가스통을 멘 남자
212 · — 세 아이의 만원버스 타기
216 · — 덫
220 · — 어떤 설전(舌戰), '임마'
225 · — 2인 1조
229 · — 미완의 삽화
234 · — 중앙로역에 서서
240 · — 추락, 그 미완의 아우성

1. 피[稊稗]

· 한거(閑居)한 날
· 낚시터에서
· 두꺼비 혼자 보기
· 벌이 되다
· 파리와 왈츠
· 매미 오줌[蟬尿]
· 피
· 수필을 팝니다
· 루드베키아와 뚱딴지
· 향내와 향연
· 삶은 돼지고기에 대한 단상

한거(閑居)한 날

닷새마다 돌아오는 장날 있었던 이야기야.
밖엔 비가 추적추적 내리고 있었지. 마음도 축축하고 뭔가 그리워지기도 하더군. 마침 장날이라 사람 사는 이야기도 들을 겸 일어섰지.
어, 나서려는데 멀쩡하던 샌들 끈이 삐쭉이 떨어져 나왔지 뭐야. 손에 들어 보니 다리 잡힌 개구리의 축 처진 형상이었네. 신기료장수 할아버지가 생각나서 까만 비닐봉지에 넣었지.
비까지 내리는데 장이 옳게나 서겠어. 기다리던 손님은 오질 않고 술 취한 장돌뱅이의 여음(餘音)만 깊어갔지. 비가 오니 마늘장사 '폭삭', 고추장사 '움칠', 채소 장사 '어휴', 생선장사 '에라 모르겠다.' 모두들 뒷짐만 지고 있었네. 욕쟁이 할매집엔 벌써부터 육두문자가 무르익고 있었어. 무리에 한 번 낄까 생각하다, 담배연기가 원수인지라 멀찌감치 서서 빙그레 웃기만 하였지.
몇몇에게 물어 봐도 신기료 할아버지 소식을 아는 이가 없더군. 어지간히 붉어진 노인 한 분 오더니, 모퉁이를 돌아 이리저리 가라 헛갈리게 손짓했네. 반신반의 찾아가니 그 자리엔 신발가게가 들어서 있었네. 중년의 아저씨가 꾸뻑꾸뻑 졸다 본능적으로 팔을 휘저으며 파리를 쫓고 있었지. 가라고 하는 건지, 오라는 것인지 ….
할아버지는 지난해 돌아가셨다고 했네. 요즘 신발 수선해서 신는 이가 어디 있냐며 새 것 하나 장만하라네. 버릴까, 가져갈까 엉거주춤 하고 있는데, 농립을 쓴 사내 하나 혀를 끌끌 차고 있네. 나를 보고 비웃나 싶어 휙 돌아봤더니 "에이 빌어먹을. 새 것인 줄 알았더니 헌 것이네."
지난 장에 산 마누라 고무신, 치수가 적어 바꾸려고 가져온 것이 다른 것을 들고 왔단다. 검은 봉지 안에는 찢어진 흰 고무신 하나가 입을 벌리고 웃고 있었지. 셋은 허허롭게 웃고 말았지. 그 놈의 비도 따라 웃더군.

낚시터에서

 그 많던 사람들이 다 떠나고 저수지에는 그와 나, 둘만이 남았다. 내리는 빗줄기를 탓하면서 아침나절인데도 통 입질을 않는다고 투덜대며 발길을 돌렸다. 이상하다. 비가 간간이 내리는 이런 날씨가 낚시를 즐기기엔 안성맞춤일 텐데….
 서둘러 가는 이들을 보니 한편으론 어지간히도 성질이 급한 이들이다 싶다. 어찌 낚시가 한두 시간 만에 만족을 얻는 일인가. 입질 때문인지 비 때문인지 시작도 하기 전에 빈자리만 보여 어째 황량한 느낌이 들었다.
 먼저 와서 자리를 잡고 있는 그였지만 많이 잡지는 못한 모양이었다. 얼핏 보니 계속 허탕을 치고 있었다. 혼자서 중얼대고 있는 모습이 필경 자기 마음대로 안 되는 듯했다.
 낚시터에서 자리를 잡는 것은 중요한 일이다. 사전 답사하여 자기만의 자리를 확보해 놓는 경우도 있다. 그렇지만 대부분 현지에 도착하여 머뭇거리며 자기 나름대로 판단하는 일이 다반사이다. 없던 자리를 만드는 경우는 거의 없다. 앞서 다녀간 흔적이 있는 곳에서 주로 이루어진다. 그렇게 자기가 선택한 일이 잘 이루어지지 않으면 투덜대며 책임을 남에게 지우는 수도 종종 있다.

  낚시의 묘미는 고기를 잡는 것에도 있지만 준비할 때가 더 설렌다. 한참 동안을 덮어두었던 가방을 열고 낚싯대도 꺼내보고 사소한 것까지 점검을 한다. 거짓으로 잡아채는 흉내까지 하고 나서는 특별한 일이 없는 이상 출발하는 것이다. 행사 전의 아이들의 마음이랄까. 모든 일에도 준비할 동안만큼만 실행한다면 얼마나 좋을까. 쉽게 포기하는 현실이 낚시질에도 적용되는 것 같아 못내 아쉽다.

  공교롭게도 그와 얼마 떨어져 있지 않은 곳에 자리를 잡은 내 낚싯대에는 넣기가 바쁘게 입질을 하며 붕어가 올라왔다. 그뿐인가. 낚싯바늘 두 군데 한꺼번에 잡혀 나오기도 했다. 이곳엔 연전(年前)에 왔다가 미끼 때문에 허탕을 친 적이 있는지라, 오늘은 떡밥을 사용한 것이 딱 들어맞았다.

  그와의 거리는 십여 미터 떨어져 있지만, 수초(水草)를 피해 낚시를 던지는 위치는 거의 비슷한 지점이었다. 내 찌가 서 있고 더 안쪽에 그의 찌가 있다. 인내력이 약한 이는 낚시터에서 지렁이 미끼를 사용하지 말아야 할 것이다. 입이 작고 장난기가 많은 피라미부터 큰 고기까지 집적대는지라 당길 땐 판단을 잘해야 할 일이다.

어찌 큰 고기만 잡을 수 있겠는가. 계속되는 피라미의 입질은 당기는데 팔도 아프지만 잦은 눈속임에 쉬 지쳐버릴 수가 있다. 그게 귀찮아 더 깊은 곳으로 던져 보지만 성가신 놈은 어디에고 도사리고 있다.

반면에 떡밥은 들어가자 말자 퍼져버려 승부가 불과 수 초 내에 결정이 난다. 미끼를 넣고 조금 기다리다 찌가 미동이 없으면 필시 **빼앗긴** 것이다. 냄새에 취해 옆에서 구경하던 놈들도 운이 없게 미늘에 배가 걸려 올라오는 경우도 있다.

동료들이 발버둥이 치며 끌려가는 모습을 보고도 여전히 입질을 한다. 비록 그의 기억력이 수 초 밖에 안 되지만 그렇게 쉽게 잊어버리는 모습이 물 밖 세상과 무엇이 다르랴.

여름 내내 사람들이 찾지 않아 수초들이 자라 어디 마땅히 낚시를 드리울 곳이 없다. 저수지의 지형을 조금은 알고 있는 터라, 물이 유입되는 도랑에 자리를 잡았다. 어류의 역류 본성인가. 바깥 세상에 대한 동경일까. 오늘처럼 비가 오는 날, 외부의 물이 들어오는 상류부분에 고기는 몰려있다. 흐름의 속도가 빠른 도랑의 깊은 곳은 일류 포인트다.

그도 이 지점을 미리 알고 자리를 잡고 있었던 모양이었다. 그런데 미끼 선택에 문제가 있는 것 같았다. 팔이 아프게 당겨도 고기가 올라오지 않는 모양이다. 오히려 내가 낚싯대를 가만가만 들어올리며 눈치를 봐야 했다.

이상하다. 무슨 말이라도 건넬 만한데 지렁이만 손바닥에 올려놓고 강하게 질식시키고 있었다. 그 소리가 얼마나 컸던지 물속에 있는 고기가 놀라 도망을 갈 지경이었다. 날 들으랍시고 일부러 방해를 하는 건가 싶어 슬그머니 부아가 치밀어 올랐다. 사실 먼저 말을 건네려고 하였는데 슬며시 감추어 버렸다.

곁눈질로 그를 슬쩍 바라보았다. 우의도 걸치지 않고 비를 맞은 그의 반바지는 이미 흠뻑 젖어 물이 흘러내리고 있었다. 나이가 나보다 대여섯 살은 더 들어 보였다. 밀짚모자 속에 번들거리는 눈을 바로 바라볼 수 없어서 먼 산을 보는 척 흘끔 흘끔 훔쳐보았다.

체면이고 뭐고, 모두 버리고 먼저 말을 건네자. 그러면 그도 웃으며 소주라도 한잔 건네 올 것이 아니겠는가. 불그레한 눈으로 서로를 바라보며 한바탕 웃으며 시시콜콜한 이야기라도 나누면 시간이 가는 줄도 모를 것이다. 더군다나 둘만이 남았는데 말동무라도 하려면 내가 선수를 치는 수밖에 도리가 없었다.

마음을 먹고 건너가려는데, '어!' 그가 주섬주섬 낚싯대를 챙기는 게 아닌가. 그러면서 슬쩍 이쪽을 보는 것이었다. 흠칫 놀라며 엉거주춤해진 나는 옷매무새라도 고치는 양 몸을 굽혀 외면하였다. 그마저 돌아가 버리고 나면 어쩌지.

고기도 좋지만 청승맞게 혼자 비를 맞으며 쭈그리고 있을 모습은 생각도 하기 싫었다. 이 상황에서 그는 어디를 보나 내겐 큰 위안이었다. 하지만 돌아가려고 하고 있다. 조금 일찍 이야기를 나눌

걸 후회해도 소용이 없었다.

 그는 도구들을 모두 정리하고 마지막으로 미리 잡아둔 고기들을 챙겼다. 들어 올리는 것을 보니 제법 큰 고기가 몇 마리 들어 있었다. 고기를 들고 조금 망설이는 듯하였다.

 '옳지, 내게 주려는 구나. 오늘은 식구들에게 체면은 충분히 서겠군.'

 그런데 고기 통을 설렁설렁 흔들며 씻는가 싶더니 그대로 밖으로 부어버리는 것이 아닌가. 그리곤 뒤도 돌아보지 않고 가고 있다. 한참 동안을 멍하니 쳐다보고 있었다. 착잡한 내 모습이 한줄기 비가 되어 수면 위로 떨어지고 있다.

 빗줄기는 점점 더 굵어지고 있다. 고기의 입질은 더 이상 잦지 않다. 사위가 컴컴해지며 곧 천둥 번개라도 칠 기세다. 늘 이랬다. 버스 지나고 손 흔드는 짓을 나는 오늘도 하고 있는 것이다. 알량한 자존심 그것이 문제이다.

> 벌레 충(虫) 수펀(隨片)

두꺼비 혼자 보기
- 두꺼비 하(蝦) -

 아침이슬 머금은 봉숭아 꽃잎들이 화려한 족두리를 흔든다. 성급하게 터진 씨앗들이 툭툭 불거진다. 눈부신 것에만 혹해 있는데 그 사이로 무언가 꿈지럭거린다. 색으로 봐선 돌덩이요. 움직임으론 느림보 거북이다. 통통하게 물오른 꽃대를 밀치고 육중한 몸집을 겅중거리며 헤집고 나오는 건 아뿔싸 두꺼비다.
 녀석은 눈을 끔뻑거리며 바라본다. 그동안 벼르다가 오늘 아침에 나를 보러 일부러 나온 것인가. 그를 본 지가 수십 년은 된 것 같다. 이야기를 나누려고 다가갔다. 요즘은 봉숭아와 원추리 꽃들과 아침인사를 나누는데 오늘 아침엔 두꺼비까지 내 발소리를 듣고 나오니 얼마나 운이 좋은가. 그런데 녀석은 웬걸 처연하게 자세만 잡고 있다. 언제 다시 볼지 몰라 나는 연신 셔터를 눌러댔다.

갑자기 찾아온 행운은 경이롭다. 반짝이는 착상이거나 혼자만 보기 아까운 장면이라면 놓치기 싫어 메모를 한다. 순간 떠오른 단어의 조합들은 모아놓지 않으면 쉽게 달아나 버린다. 먹이를 보고 눈을 번뜩이는 하이에나를 닮아보려 하지만 늘 역부족이다. 글은 생각나는 대로 써지고 소리는 원하는 대로 나오는데, 표현력만큼은 마음먹은 대로 되지 않는다. 하여 집밖을 나설 때면 디지털 카메라를 허리춤에 차고 다닌다.

'옆으로 조금만 더 움직여 봐.' 입김까지 불었지만 허사였다.

작대기를 들고 시멘트 길로 유도해 본다. 엉덩이부터 밀어봤지만 녀석은 한사코 등을 돌린다. 거친 콧숨소리까지 인다. 손으로 잡으려니 어쩌다 잡은 행운이 연기처럼 사라져 버릴 것만 같다. 앉은 자세가 전형적인 삼각뿔이다. 꼭지점을 조금 세우기라도 한다면 다른 모습으로 보일 텐데, 당최 말을 듣지 않는다. '꼭지점 댄스를 추는 두꺼비' 비약의 도가 지나쳤는가. 쓴웃음이 절로 나왔다.

고집을 부리는 품이 내 모습과 흡사했다. 주위의 걱정스런 충고에도 한 번 정한 마음은 좀체 바뀌지 않는다. 성급함 뒤엔 늘 후회가 뒤따른다. 조금만 더 깊이 있게 생각할 걸 하고 후회하면 그땐 이미 문장에 마침표를 찍은 뒤였다. 남들과 같은 일을 하면서도 그들은 실패하였지만 내겐 그 총알이 피해갈 것이라 생각했다. 오늘 아침도 크게 노력하지 않고 다가 온 일에 욕심을 부렸다. 그런 내 의도를 알아채기라도 한 듯 두꺼비는 뒤도 돌아보지 않고 풀숲으로 사려지고 말았다.

  1년 내내 산길을 왕래했지만 결코 보이지 않던 그가 이 아침에 내 앞에 나타났다. 아침 일찍 영구차를 보면 그날은 행운이 따른다고 하듯 두꺼비 한 마리가 어눌해져 있는 내 마음을 바꿔 줄 것인가. 아, 행운 하나 찾으려고 마른 쇠똥을 밟으며 다닌 들판, 결국 네 잎 클로버 하나 발견하지 못하고 아침나절을 헤매고 다녔던 게 내 학창 시절의 초상이었다.

  밤새 쓰다 지운 고민 한 줌을 산행을 하며 되뇌곤 한다. 결론을 얻지 못하면 가다말고 한참 동안을 서서 작대기로 붓방아 찧으며 재정리 해본다. 오늘 아침은 온통 두꺼비 한 마리가 머릿속을 다 차지했다. 다시 한 번 그를 보고 싶어 카메라 메모리를 돌려보았다.

  그런데 작은 화면 안엔 어디에고 그가 없었다. 흔적도 없이 사라져버린 것이다.

  '메모리 스틱 없음' 필름도 없이 사진을 찍은 격이 되어버렸다. 돌아가며 힐끗 쳐다보던 조소 어린 그의 미소가 일견 스쳐갔다.

  불과 몇 분 전의 일인데 벌써 희미하다. 두꺼비와의 그 먼 거리를 어떻게 접근시킬까. 혼자만 바라본 순간적인 장면이 과연 얼마나 지속될까. 소재거리 하나 갈무리 못하는 얼치기가 무슨 글을 쓴다고 이렇게 야단법석이란 말인가. 아침햇살마저 허둥대는 내 모습을 보고 웃고 있다. 붉게 핀 연분홍색의 꽃을 바라보고 있노라니 차라리 눈물이 된다.

벌이 되다
― 벌 봉(蜂) ―

'쉬잇!, 눈치 챌라.'

  살짝 건드리다가 때론 깊숙한 곳까지 침범을 하기도 한다. 긴 대롱으로 꿀을 취하고 양 다리론 꽃가루를 묻혀 이곳저곳으로 옮겨 다니는 시늉을 내야 한다. 세필로 난을 치듯 건듯건듯 춤을 춘다. 붓두껍은 어딜 가고 털북숭이만 방아를 찧는다. 조심조심 벌이 된다.

  꽃이 피고 열매 맺고 순환하는 과정이 결코 혼자만으로는 이루어지지 않는 것이 온갖 식물의 조화다. 사고하는 것들은 조절할 수 있지만, 온몸을 자연의 현상에 내맡겨야 하는 것들이야 어찌 제 마음대로 되리요. 민들레 홀씨는 바람 한 점에 알 수도 없는 곳에 정착하여 제 집인 양 뿌리를 내린다. 이도저도 아닌 꽃들은 종족 보존을 위해 온갖 교태를 부려서라도 자기를 한 번 봐달라고 몸을 흔들고 있다.

 벼르고 벼르던 꽃망울들이 오늘에야 기어이 터져 자지러질 듯 웃고 있다. 매실나무에 불이 붙는다. 검불에 붙은 불처럼 일시에 지나가지나 않을까 저어하며 조심스럽게 바라본다. 어떻게든 붙잡아야 한다.

 변두리 시골로 이사 나오면서 도시에의 미련을 대부분 버려야 했다. 그중 유독 아끼는 나무 하나를 짐 속에 넣고 왔다. 매실나무였다. 비록 시멘트 위의 꽃밭 속에 자랐지만 그는 거짓말을 하지 않고 해마다 열매를 여남은 개씩 달아주었다. 뒤도 돌아보지 않겠다던 도시를 빠져나오려다 자꾸만 켕기는 그 소리 없는 아우성, 제법 꽃망울들이 부풀어있어 저대로만 자란다면 어김없이 열매가 달릴 것이라 생각했다. 혹시라도 다칠까, 비닐까지 씌운 채 다른 것들과 구별하여 조심스레 이삿짐 속에 넣었다.

 지난해엔 심하게 앓았다. 둔기에라도 맞은 양 비틀거리며 쓰러졌다. 그대로 있다간 신체와 정신이 영원히 소멸해 버릴 것만 같았다. 매실나무에게 눈이 자주 갔다. 한갓 나무 하나에 위안을 받으려는 자신이 가소롭기까지 했다. 몇 송이의 꽃들이 달리는가 싶더니 이내 떨어져 버렸다. 열매는 열리지 않았다. 아무리 뻗어가려고 해도 시멘트 장벽에 부딪혀 더 나가지를 못한 현실 속에 살지 않았던가. 지나친 집착, 결국 그 옹벽 속에 갇히고 말았다. 나무에 거름까지 많이 주었건만 비실거리며 잎이 누렇게 뜨기까지 했다.

나는 한 그루의 시들은 나무였다. 자신을 학대하며 며칠 동안 몸부림을 쳤다. 내 앞에 놓인 살아 갈 만큼의 고민을 짧은 시간에 결정을 해야 했다. 그때까지 한 번도 삶의 길이에 대해 생각해 보지 않았던 터였다. 세상과 타협하며 비루하게 연장하느냐, 현실을 탈출해 변두리로 나가느냐의 기로에 놓여있었다. 일보 후퇴하기로 했다. 이삿짐을 정리할 때는 목련꽃이 비에 떨어져 거무스름하게 변한 어느 봄날이었다.

 17층 베란다에 나무를 이식했다. 화분 중 가장 깊고 넓은 것을 정했다. 몸살이라도 날까 애지중지 보듬으며 흙도 가득 채웠다. 다행히 꽃망울들은 떨어지지 않았다. 무언가 말을 할똥말똥 입을 오물거리고 있는 듯했다.

 오-헨리의 「마지막 잎새」가 생각났다. 담쟁이 잎새가 다 떨어지면 자신도 죽을 것이라고 믿었던 화가 존시, 베어먼 아저씨가 그려놓은 북풍이 세차게 몰아쳐도 떨어지지 않는 마지막 잎새처럼 저 꽃들에 희망을 걸어 보는 거야. 어떻게든 살려내야 했다. 언젠가는 나폴리를 그려보겠다던 존시의 소원처럼 보란 듯이 나도 다시 일어서고 싶었다.

 다음날 베란다 문을 여는 순간 가슴이 터질 것 같았다.

 "오, 신이시여…."

 부지불식간에 탄성이 흘러나왔다. 꽃들이 그동안 못한 이야기를 나누는지 일제히 입을 열고 수다를 떨고 있었다. 어둠 속에서도 환할 것 같은 수많은 꽃등들, 베란다에는 일시에 웃음소리로 가득 찼다.

하지만 어쩌랴. 기뻐할 일도 잠시 뿐이었다. 꽃잎은 이내 몰락된 왕조처럼 고개를 떨어트리며 사라질 게 뻔하였다. 며칠 동안 눈만 즐거울 뿐, 결실이 없다면 그동안의 노력이 무슨 소용이 있단 말인가. 어느 벌과 나비가 이 높고 먼 곳까지 수정을 해주러 올 수 있단 말인가. 그대로 볼 수가 없었다.

붓을 들었다. 세밀화라도 그리듯 하나하나 점을 찍었다. 살아있는 모든 것들을 위한 성스러운 행위였다. 기도까지 했다. 제발 이 붓끝에 매달린 꽃가루들이 연인으로 만나 결실을 볼 수 있게 하여주소서. 우리에 갇힌 성급했던 내 집착증도 벗어나게 해 주소서.

올해 몇 개나 열릴까, 어쩜 하나도 안 맺을 수도 있다. 그렇지만 환경이 다른 곳으로 와 뿌리를 내렸다는 게 얼마나 큰 덤인가. 담당의사의 말처럼 아직은 충분히 재기할 수 있는 나이라며 몸만들기에 충실하란 말이 귀에 웽웽거리며 들리고 있다. 문만 열면 사계의 변화를 만끽할 수 있는 곳, 지나가는 아무개에게라도 눈길을 주면 웃음을 주는 곳, 뿌리내린 나무 곁에 우뚝 지지대 하나 세워본다.

루신은 말하였다.

'희망이란 원래 있는 것이라고 말할 수 없고, 없는 것이라고도 말할 수 없다. 그것은 지상의 길과 같은 것이다. 원래 지상에는 길이 없다. 걷는 사람이 많아지면 그것이 길이 된다.'

내 앞에 허여된 길, 비록 나작할지라도 지나간 길을 되돌아보며 다시 만들어 볼 일이다.

  붓 든 손끝이 이리저리 출렁거리며 별이 된다. 지상에서 올라오던 바람은 중간에서 지쳤는지 사위가 고요하다. 아직 완전하게 치유되지도 않은 육신을 흔들며 나는 오늘도 체외수정을 꿈꾸고 있다.

파리와 왈츠
- 파리 蠅(승) -

 백설기에 놓인 검정콩 같다. '후여, 후여' 벼논에 앉은 참새 쫓듯 날려 보낸다. 어른들은 쟤들도 참석하려고 왔으니 대충하란다. 그 말에 위안이라도 얻었는지 이번엔 숫제 벌 떼처럼 몰려든다. 오늘은 묘사 지내는 날이다. 제관들보다 몰려드는 파리가 더 많다. 이 산중 어디에 있다가 저렇게 몰려들었을까.
 예전에 벽과 천장에 까맣게 수를 놓았던 놈들의 똥 생각이 났다. 많다보니 켜켜이 쌓여 있었다. 놈들의 패악은 그것으로 끝나는 게 아니었다. 말라빠진 보리쌀에 조금 남은 윤기마저 다 **빨아먹어** 버렸다. 예나 지금이나 사람들을 따라다니며 행패를 부리던 그 성미가 어디로 가겠는가. 더군다나 삶은 돼지고기는 놈들의 말초신경을 자극하기에 충분했다.

급기야 초등학생 조카가 소리를 질렀다.
"저것 먹으면 안돼요, 파리가 병균을 모두 쏟아놓았단 말예요"
 도저히 그냥 두고 볼 수 없었다. 종이상자 한 귀퉁이를 찢어서 채를 만들었다. 묘사가 끝날 때까지 파리 쫓는 임무는 고스란히 내 몫이 되어버렸다. 놈이 내 주위에 배회한 건 이번만이 아니었다.
 얼마 전 점심시간에 도시락 반찬통을 열었다. 김치냄새가 확 퍼졌다. 세 칸 반찬통의 뒤쪽에 위치한 시금치는 약간 쉰 냄새까지 풍기며 풀이 죽어 있었다. 멸치볶음은 윤기가 반지르르 흘렀다. 그런데 어디서 경비행기 나는 소리가 들렸다. 검은 비행물체, 등엔 제법 총천연색 무늬까지 나 있었다. 왕파리였다. 놈은 냄새의 근원지를 찾곤 탐색하고 있었다. 드디어 소홀한 틈을 타서 급강하하더니 반찬통 언저리에 붙었다. 옆에 있던 신문지를 말아 집어 들었다.
"네 깐 놈이…."
 겨냥해서 내리쳤다. 놈은 콩알 굴러가듯 핑그르르 돌더니 구석에 쿡 처박혔다.
 이번엔 중간 크기의 파리가 시금치를 향해 돌진하였다. 놈은 나보다 먼저 냄새를 맡았단 말인가. 한 손으로 놈을 저지하며 반찬통을 집어 들었다. 김치와 멸치볶음을 도시락밥 위에다 붓고 통을 멀리 밀어 두었다.
 어디서 날아 왔는지 멸치볶음 빈자리에 날파리 서너 마리까지 와서 달콤한 맛을 빨고 있었다. 반찬 통에 남아있는 건 내겐 잉여

분뿐이었다. 두려움에서 일단 안심한 놈들이 올망졸망 모여들어 남은 음식들을 취하고 있었다.

그럼 여태껏 저 놈들과 동거를 했단 말이 아닌가. 한 번도 저들을 생각하지 않았다. 저들은 깨끗하지 못한 곳만을 찾아다니는 불청객들이다. 그런 나는 어땠는가. 혼자만 깨끗하고 유식한 척 얼굴 하나 붉히지 않았던 일들이 놈에 의해 위선으로 드러나 버렸다. 갑자기 구석구석에 눈들이 숨어서 바라보고 있는 것 같아 온몸이 스멀거렸다. 이리저리 둘러보니 허점투성이였다. 버려진 휴지, 쌓인 먼지, 정리되지 않은 책장….

누대를 사람들과 같이 동고동락한 놈이 어찌 쫓아낸다고 달아나랴, 더군다나 자기가 좋아하는 음식이 앞에서 냄새를 풍기고 있는데, 둔탁한 소리가 날 만큼 내리쳤는데도 머리만 몇 번 흔들 뿐, 다시 날아온다.

'저 놈들도 다 먹고 살려고 하는 짓이다.'는 어른들의 말에 내 팔엔 더 이상 힘을 가할 수 없었다. 설렁설렁 물결치듯 내 팔 모양은 리듬을 탄다. 그 일렁거림에 파리는 날았다가 다시 다가온다. 조카 녀석이 다가오더니 파리는 쫓아내지 않고 춤을 추고 있다고 빈정거린다.

자연과 인간의 조화, 파리와 나의 타협. 그 모습이 흡사 장단에 맞춰 춤을 추고 있는 모습으로 보였던 모양이다. 선선한 바람까지 불어와 리듬을 타고 있다.

매미 오줌〔蟬尿〕
- 매미 선(蟬) -

  이상하다. 누군가 물장난을 하는지 자꾸 하늘에서 물방울들이 떨어지고 있었다. 잊으려면 떨어지고 땀이 식으려하면 또 떨어진다. 어떤 개구쟁이가 물총놀이를 하는지 확인하려고 둘러보았다. 모두가 한 곳에 집중하고 있어 찾을 수가 없었다.
  대구에서 조금 떨어진 소도시 성주의 '성밖 숲'에서 올해도 '전국민족극한마당축제'가 한창 열리고 있다. 천연기념물로 지정된 500년 된 왕버들 아래서 혹서를 피해 마임공연을 관람하고 있는 중이었다. 바람 한 점 없지만 극에 열중하는 관객들은 더위를 잊고 있는 듯했다. 무언가 얻으려고 간 나는 오히려 딴 곳에 관심을 뺏기고 있었다.
  이 간헐적인 장난을 확인하려는 것을 알아 차렸는지 한동안 물방울은 떨어지지 않는 듯했다. 하기야 물이래야 병아리 눈물만큼 인지라 팔월 염천에 흘러내리는 땀에 비하면 어디 대수인가. 마음으로나마 더위를 잊게 해줘서 고마움을 전하려 했는데 그냥 그렇게 끝나는 듯했다.

공연이 절정에 이르렀을 무렵이었다. 이번엔 제법 많은 양의 물이 얼굴이며 팔에 떨어지는 것이었다. 옳지 이번엔 순간적으로 확인해야지. 장난하는 이는 돌발적인 행위에 행동이 순간 얼어붙어 어정쩡할 게 뻔하였다. 주위에선 극에 취해 박수를 보내며 웃고 난리들이었다. 내겐 공연관람은 숫제 뒷전이었다. '하나, 둘, 셋!' 박자를 맞춰서 뒤를 돌아보았다. 주위가 어두워서인지 특별한 행동을 하는 이는 이번에도 보이지 않았다.

누가 있어 거기에 관심을 가지고 있는 사람은 아무도 없는 것 같았다. 그럴 리가 없는데 유독 나에게만 물이 떨어진단 말인가. 분명 물방울의 흔적은 이렇게 팔에 남아있는데 하늘에서 떨어지지 않았으면 땅에서 솟았단 말인가.

계속되는 나의 행위가 뒷사람들에겐 얼마나 우습게 보였을까. 여기 한 남자가 있어, 바보 같은 공연을 또 하고 있다며, 몇 명은 보고 있으리라. 생각이 여기에 미치자 한없이 부끄러워 뒷머리를 긁적이며 고개를 돌리려는데, 순간 보았다. 기우뚱거리며 떨어지는 물줄기를….

고목에서 떨어뜨려 주는 물방울 같았다. 이슬이나 작은 빗방울들을 잎사귀에 모았다가 그늘에서 쉬고 있는 이들을 위해 조금씩 내려 보내주는 모습이었다. 그렇게 나무는 수백 년 동안을 아낌없이 주는 줄 알았다.

 하지만 그것은 날갯짓 파닥이며 배설하고 있는 매미의 오줌이었다.
 처음엔 몰랐다. 한 번 맞고 보니 냉장고에서 금방 꺼낸 물처럼, 혹은 초등학교 과학실습시간에 장난하며 피부에 자꾸 대어보던 알코올의 쏴한 기분이었다. 나무에서 내리는 모습을 멀리서 보면 산불 진압용 헬기가 물을 뿌리는 그 형상이었고. 가까이선 민들레 홀씨가 바람에 차례대로 흩날리는 모습이었다. 일시에 직선으로 떨어지다가 방사형으로 날리는 것이 장관을 이루었다. 거기에다 조명까지 비추고 있으니 실로 황홀한 기분까지 들었다.

 수년을 기다리다 오직 일주일을 욕망으로 가득 찬 인간들을 정화하기 위해, 더 이상 훼손되어선 안 될 자연을 위해, 온몸으로 오체투지를 하고 있는 홀로 외로운 벌레여! 그대는 가지고 있는 마지막 자존심인 오줌까지 보시(布施)를 하고 있구나. 매미가 없는 한여름의 풍경을 상상해 보라. 매양 곁에 있으며 소중함을 잊고 지내다가 한철이 지나고 나면 그 부재를 인정하겠는가. 안부조차 묻지 않고 그렇게 또 한 해를 까맣게 잊고 지낼 것이다.

 어떻게 보면 매미는 오줌을 누면서 사람들을 원망하고 있을 것이다. 수컷은 짝짓기 하려고 암컷을 유혹하는 울음을 그렇게 울고, 밤이면 쉬려는데 인간들은 자기들의 욕망만 채우려고 방해를 한다고 '에이, 오줌이나 먹어라.'라며 욕을 하고 있는지도 모른다. 아니다. 그럴 만큼 이승에서 주어진 시간은 매미에겐 많지 않다. 그는 생전에 남을 위해 나쁜 이미지를 줄 만큼 한가하지 않다는 말이다. 더운 날 남들은 모두 땀을 흘리며 일을 하는데 한가롭게 나무에서 놀기만 한다는 생각은 버려라. 그가 울어 비를 부르고 있는 것이다. 어디 그뿐인가.

유교에선 매미를 일러 오덕(五德)을 갖추었다 하여 군자지도(君子之道)를 상징하였다.

머리는 관의 끈이 늘어진 현상이므로 문(文)이 있고, 이슬만 먹고 살므로 청(淸)이 있고, 곡식을 먹지 않으니 염(廉)이 있고, 집을 짓지 않으니 검(儉)이 있고, 철에 맞추어 허물을 벗고 절도를 지키니 신(信)이 있다. 여기에 무색무취의 깨끗한 오줌까지 더하니 어디다 비교하리요.

극은 끝나고 사람들은 흩어져 갔다. 매미는 슬픈 소리를 길게 한 번 늘어뜨리곤 오늘밤은 500년 된 왕버들의 역사 속으로 찾아들 것이다. 내일 또 다시 찾아올 누군가를 위해 서두르지 않고 오줌을 꾹 참을 것이다. 이승에서의 생명연장을 늘 꿈꾸면서 …

피〔稊稗〕

　서둘러 씨앗을 만들어라. 너는 태생부터 남과는 다르지 않은가. 어리광이나 부리고 의지하는 일은 있을 수 없다. 살벌한 현실에선 발견되면 가차 없이 너를 솎아 버릴 것이다. 빨리 자라서 너희들의 종족 수를 퍼뜨려라. 그리곤 뒷짐 지고 자연의 법칙에 순응할 밖에 도리가 없다.
　삼라만상 어디에고 생명체는 종족보존의 의무를 다하기 위해 노력하고 있다. 그러나 남의 탓을 잘 하는 이들은 너를 변명의 요인으로 자주 들먹거린다. 천재지변인 것도 너의 책임이요, 정작 자기는 게으르면서 남을 탓할 때도 네가 원인이지 싶다. 갖다 붙이는 것마다 너를 들먹거린다. '피농 했다'란 말은 얼마나 억울하더냐. 지나친 관심에서 오는 푸념은 절대 아니다.
　너는 혼자서는 존재가치가 없다. 단지 벼에 섞여있을 때만 남의

34

눈에 띈다. 처음에는 구분이 가지 않는다. 그래 피사리는 모가 거뭇하게 사름을 한 뒤부터 하는 일이다. 그때까지라도 철저하게 위장을 하고 있어야 한다. 혹 먼저 자라려고 색을 더 검게 한다던가, 티를 내서도 안 된다. 최대한 벼와 비슷하게 위장해야 한다.

바지런한 농부의 손끝에 발각되면 무참히 로드-킬 신세를 면치 못한다. 너는 농부가 게으르길 기다려야 한다. 어떻게든 모가 자라 추수할 때까지 그의 눈에 발각되지 말아야 한다. 같이 어울려 있긴 하지만 어차피 그는 너의 동반자가 아니다. 태어나면서부터 귀여움을 독차지할 모에 비해 넌 바로 천덕꾸러기로 낙인이 찍혀있다. 후회와 원망은 사치다.

길에 발가벗겨진 채 던져진 네 육신, 누구 하나 거들떠보지 않는다. 동물들이야 지나는 이들에게 동족 근성으로 동정이나 받지만 너는 숫제 눈 밖이다. 바퀴가 지나다닌 처음 얼마 동안은 책갈피에 꽂힌 압화(壓花)처럼 보인다. 그러다 불어오는 바람에 폴폴 날리면 세상에 피란 존재는 흔적도 없이 사라져 버리는 것이다.

혹 운이 좋아 수확기까지 따라 간다지만 그때까지 눈치를 봐야 한다. 생김새가 다르다고 탈곡할 때 버림받는다. 어디 그뿐인가. 몸무게가 가볍다고 팔랑개비나 바람에 날릴 땐 아무리 발버둥을 쳐도 쫓겨나고 만다. 그럴 줄 알았다면 벼 속에 섞인 잔돌과 손을 잡을 것을, 후회해도 소용없다. 그래 최종고지인 방앗간까지 가는 일은 거의 전무한 일이다.

벼의 종자에라도 섞인다면 그보다 큰 영광이 없다. 따뜻한 광속이나 바람 솔솔 잘 통하는 곳간 바람벽에 매달려 이듬해 봄이 올 때까지 호강을 하는 것이다. 그날을 기다리며 행운과 끈기로서 조금 덜 부지런한 집으로 태어나길 너는 항상 바라고 있지 않은가. 낙타가 바늘구멍을 통과하듯 너희들의 수는 점점 줄어들고 있다.

너는 단지 주인공을 돋보이게 하기 위한 조연만을 해 왔다. 늘 눈치를 살피며 살아왔다. 벼들이 누리고 남은 일부만으로도 충분히 살아갈 수 있었는데 세상에선 피 탓만 하고 있다. 주연만 설쳐대는 시나리오는 얼마나 삭막하겠는가.

왜 피를 미워할까. 흉년이나 기근이 심했던 예전에는 양식으로도 삼지 않았던가. 먹을거리가 너무 많아 피처럼 기름기가 적고 근기(根氣)가 없는 것은 눈에 차지 않아서인가. 웰빙의 근본은 차츰 복고풍으로 바뀌어 가고 있다고 한다. 기름진 이들에게 피죽 한 번 권해볼까.

아이들에게 홀로 서기를 강요하였다. 하지만 밖으로만 드러나 보이는 강요는 무의미하였다. 지나가는 말로만 실천하라는 것은 피차가 잔소리로만 들렸다. 아무리 부모 마음이 그러하지만 자식에겐 단순한 변명으로만 들리기 마련인 것이다. 그래 우리는 변두리로 이사를 하였다.

잡음이 많았다. 다른 아이들과 비교를 하였다. 하지만 거기에서 결심을 중단했다간 영원히 굴레에서 벗어나지 못할 것 같았다. 불편한 교통, 줄어든 시간, 변화된 주변 환경에 아이들은 반기를 들었다. 외면해야 했다. 부모는 늘 자식 언저리에 머물러선 안 된다는 어머니의 애틋한 말씀을 돌아가신 후에야 비로소 깨달았다.

 그 무덥던 여름이 지나고 가을이 접어드니 아이들은 차츰 자리 매김 하기 시작했다. 계속 침묵시위를 벌일 것 같더니 먼저 말을 걸어왔다. 얼굴은 부드러워졌고 거기다 직접 주방 일까지 곧잘 하였다. 도심에서 멀리 떨어져 있어 귀가시간도 차츰 빨라졌다. 간혹 푸념 어린 어리광을 부릴 때도 있긴 있었다.

 "그래, 살아가며 가끔 피 같기도 해야 돼."

 요즘 들어 아이들에게 자주 하는 말이다. 고개를 숙일 줄 아는 벼도 있는데 하필이면 피냐고 한다. 그동안 참고 있었던 불만을 털어놓으려는 듯 아이는 입이 뽀로통해져 다가오고 있다. 그저 웃으며 자리를 피할 따름이다.

 피의 씨는 한 가닥에 벼보다 20배는 더 맺는다. 가을이 시작되는 초입에서 벼는 그제야 속을 채우려고 안간힘을 쓸 때, 피는 반 이상 미리 논머리에 떨어져 자리를 잡고 후년을 기다린다. 나머지는 벼를 따라 가며 그들의 존재를 알린다. 요사인 피를 따라 다니는 쭉정이 벼도 참 많다.

수필을 팝니다

 자, 어서 들어오십시오. 여기는 인터넷 쇼핑몰 '들어와 방'입니다.
 소개해 드리고자 하는 상품은 바로 '수필'입니다. 오늘은 중수필인 에세이도 아니고 중, 장편수필도 아닌 가벼운 미셀러니입니다. 여러분은 여태껏 수필을 어떻게 생각하셨나요. 시도 아니고 소설도 아닌 어중간한 장르 정도로 혹시 생각하진 않았나요. 천만에요, 만약 그랬다면 이 방을 나가셔도 좋습니다. 이젠 수필은 그런 어중간한 위치에 있는 품목이 아닙니다. 이젠 기성작가도 수천 명을 육박할 정도로 당당하게 자리매김했습니다.
 기존의 '붓 가는 대로' '여기의 문학' '서른여섯 살 이상, 중년들의 글쓰기'가 이젠 바뀌어가고 있습니다. 시에서 뭔가 아쉬운 점, 소설에서 조금 긴 듯한 것을 불식시키고 그 중간쯤의 형태랄까요. 그래요, 분명 수필은 손에 들기가 쉬워졌습니다. 여러분도 고정적인 음식을 먹는데 이젠 식상하지 않으세요. 음식으로 따진다면 맛있는 것을 여러 가지 섞은 '비빔밥'이요, 간식으로 따진다면 라면도 아닌 떡볶이도 아닌 '라볶이' 정도랄까요. 때론 매콤하면서 때론 달짝지근하며 중독성이 있는 맛이 바로 오늘의 수필이랍니다.

 어디 그뿐인 줄 아세요. 수필도 사회 속으로 들어 가 있답니다. 기존의 신변잡기라는 말은 점차 찾아보기 어렵다구요. 요즘 신춘작가들의 글을 보세요. 그리고 그 심사평을 보세요. 사회성이 있는 글들을 뽑는 건 당연히 수필인들도 그 깊숙하게 들어가, 그 면면을 다루는 글에 고민한다는 것을 알 수가 있답니다. 수필 본래의 의미가 바로 그것이랍니다. 내가 겪는 일을 사회 일각에서 독자들이 공유할 수 있는 의미를 찾아내는 것이잖아요.

 이젠 전국에서 수필전문지도 수십여 권이 있답니다. 그건 수필인구가 폭발적으로 늘어난다는 말입니다. 물질적으로 큰 도움이 되지 않는데 왜 그리 사람들이 몰리느냐구요. 긴가민가하는 구매자들의 당연한 질문이네요. 각박해져가는 이 물질문명의 뒤란에는 늘 인간성회복을 꿈꾸는 본성들이 살아있기 때문이 아닐까요. 뭔가 부족한 그 무엇을, 무엇으로 채우겠습니까. 그래 인간들은 자기 자신을 충족할 수 있는 그 무엇을 찾기 시작했죠. 그건 멀리 있었던 것이 아니예요. 바로 가까이 내 곁에 있어요. 드디어 그걸 찾아내곤 밤새 그와 사랑을 하고 고민을 하고 환희를 하게 되죠. 자기 자신 뿐만 아니라 주위에도 권하게 되어 이젠 수필작가만 해도 국내에선 수천

명이 된답니다. 어때요, 이젠 호감이 가나요.

 주저하지 마시고 들어오세요. 아직도 낯설다고요. 처음엔 모두가 서먹서먹하답니다. 꿔다 놓은 보릿자루처럼 있을 필요가 없습니다. 모두가 주인이고 모두가 나그네입니다. 들어와서 읽다보면 알게 되고, 글을 쓰다보면 모두 친구가 될 수 있는 걸요. 나이 제한도 없습니다. 어린아이들이 즐기는 동수필도 있는 걸요.

 가격은 최저로 정하겠습니다. 그렇다고 바겐세일 하는 건 아닙니다. 차분히 생각했다가 다음에 사셔도 됩니다. 일반화되기 전에 경험하는 것 또한 짜릿한 매력이 아닐까요. 마음에도 없는 물건을 사서 골방에다 처박아 놓는 만큼 부질없는 일은 없잖아요.

 자, 오늘 쇼핑몰 '들어와 방'에서 수필을 팔고 있습니다. 어느 정도 인생의 황혼기에 접어들어 자신을 돌아보고 싶은 어르신이나, 중년의 버거운 짐을 걸머쥐고 있는 이 시대의 가장들도 좋습니다. 열혈남아로 사회에 정면 도전하고 싶은 젊은이들이 온다면 더욱 환영합니다.

 우리 모두 수필 하나 구입해서 긴긴 겨울 밤, 밤도 새워보고, 꽃 피는 봄날 뭔가 토해내고 싶은 말과 글들이 목구멍으로 꾸역꾸역 넘어올 때 친구가 되어 봅시다. 내 가슴 속에 꼬옥 간직하여 두었다가 언제 어디서나 자기의 꿈과 희망을 펼쳐내십시오. 수필은 매진이 없습니다. 마감도 없습니다. 언제라도 마음이 동할 때 들어오십시오.

 당신 삶의 윤택함을 위해 여기 수필이 있습니다. 많이많이 사가세요.

루드베키아와 뚱딴지

"저게 무슨 꽃이야, 돼지감자 같은데."
"무슨 뚱딴지같은 소리야, 그건 루드베키아야."

돼지감자는 뚱딴지라고도 부른다. 루드베키아와는 같은 국화과에 속하고 북미가 원산지인데 부르는 이름이 이렇게 다르다. 내 눈엔 분명 루드베키아가 어릴 적부터 보아왔던 돼지감자 꽃으로 보였다.
조각을 하는 윤작가의 퍼포먼스가 그의 폐교 작업장에서 열렸다. 큰 기대를 하지 않았는데 의외로 많이 참가해 사람 좋아하는 그의 얼굴이 연신 벙글거렸다. 마침 모심기도 끝나 동네 노인들에게도 술이나 한 잔하라고 청한 자리라 적막공산 같았던 학교는 오랜만에 술렁댔다. 소탈한 윤작가는 마을에서도 엉뚱한 사람으로 이름이 나 있다.

해마다 이맘때면 윤작가는 연례행사처럼 지인들을 불러놓고 퍼포먼스를 벌였다. 하필이면 장마철을 택한지라 조금은 걱정을 하고 있던 터였다. 지난해엔 비 오는 와중에도 늙은 호박 한 덩이를 머리에 얹고 몇 십 분을 그대로 서 있었다. 그 기이한 행위에 모인 사람들은 저마다 고개를 갸우뚱거렸다.

예술 작품을 올바로 이해하기는 여간 어려운 일이 아니다. 내가 지금 접근하고 있는 수필이나 시 뿐만 아니라, 문외한인 그림, 조각, 음악까지…. 어떤 때는 미술전시회에 가서 오랫동안 작품 앞에서 있었던 적도 있었다. 결국 뚫어지게 바라보다 떠오르는 몇 가지 단어와 문장들을 기록하고 나서 자리를 옮기곤 했다. 음악회 또한 마찬가지였다. 오케스트라의 향연엔 거의 관심 밖이었다. 그러던 어느 날 그 악기들을 하나하나 뚫어지게 바라보고 소리를 느껴보았다. 비로소 뭔가 귀와 가슴속으로 들어오는 것을 느꼈다. 트라이앵글 소리가 온몸에 전율을 느끼게 한 적도 있었다.

오늘 윤작가가 보여준 퍼포먼스는 두발 의자였다. 네발이어야 비로소 안정적으로 서 있을 의자의 발이 두 개가 부러진 채였다. 누군가 잡고 있지 않으면 넘어진다. 작가는 줄곧 앉아 고민을 하고 있는 듯했다. 결국 초롱초롱하게 바라보고 있는 한 여자에게 다가가 무언가 속삭이곤 의자를 맡기고 자리를 떠났다.

여자는 처음엔 무표정으로 의자를 잡고 서 있었다. 그런데 아무리 기다려도 작가는 돌아오지 않았다. 혹 맡겨 놓고 잊은 건 아닌

가. 여자는 약속 때문에 의자를 내려놓지도 못하고 앉았다 일어서 기를 반복하고 있었다. 서서히 지쳐가는 그녀는 드디어 두발 의자를 팽개치고 돌아가 버렸다.

그가 돌아왔을 때 의자는 땅에 드러누워 있었다. 그는 의자를 일으켜 세우곤 무언가 골똘히 생각하고 있었다. 그뿐이었다. 눈 하나 깜빡거리지 않고 바라보고 있던 나, 어떻게 해석할까. 이리저리 생각을 돌려보았다. 물론 고개를 끄덕이는 이들도 있었다.

요즘 들어 나는 한 가지 일에 지나치게 집착하는 버릇이 생겼다. 어떻게 몇 년 새 사람이 그렇게 바뀔 수 있느냐고 아내는 걱정을 한다. 대충 지나도 될 일을 무얼 그리 깊이 생각하느냐고 핀잔도 자주 주곤 한다. 한 가지 사물에 지나치게 의미를 부여하여 이상한 행동까지 할 땐 내가 생각해도 놀랄 때가 있다. 처음으로 돌아가서 생각해 보면 아무런 일도 아닌데….

"무슨 뚱딴지같은 짓이고, 밥 먹고 할일 없으면 잠이나 자거라."

더 이상 참지 못했던지 촌로가 시큰둥한 목소리로 외치곤 엉덩이를 툭툭 털더니 걸어 나가고 있었다. 비로소 퍼포먼스를 하던 윤작가의 얼굴에 미소가 비쳤다. 그렇게 끝이 났다.

그랬다. 여기저기 설치되어있는 조각품들 사이에 핀 루드베키아가 내 눈엔 돼지감자 꽃으로 보이듯 촌로의 눈에 비친 윤작가의 행위 자체는 분명 밥 먹고 하릴없이 하는 짓거리로 밖에 보이지 않았을 것이다. 모두들 퍼포먼스를 마친 윤작가에게 박수를 보냈다. 아니 불콰해진 얼굴로 일갈을 하고 휘적휘적 돌아가는 촌로에게 박수를 보냈다.

  루드베키아를 보고 고개를 연신 끄덕이며 행복에 젖어있는 사람들이나, 그를 보고 돼지감자니 뚱딴지라고 부르는 나나 예술혼에 흠뻑 젖은 행사였다. 걱정했던 비는 고맙게도 오지 않았다.

향내와 향연

 현충일 기념식이 열리는 충혼탑이다. 할머니 살아생전에는 언제나 치맛끈을 잡고 따라왔었다. 하지만 작고하시고 수십 년래 마음먹기가 그리 쉽지만은 않았다. 자연 발길이 뜸해진 것은 말할 것도 없다. 올해만은 넘기지 않아야겠다는 생각으로 중학생인 막내를 데리고 기념식에 참석한 길이다.
 전쟁이 끝난 지 반세기가 더 지났는데도 참배객들의 눈가는 여전히 붉어 보인다. 차례로 줄을 지어 분향 행렬이 이어진다. 향냄새가 온 산을 가득 메우고 연기는 모락모락 피어오르다가는 산발한 듯 흩어진다. 분향대 앞에서 목숨을 다해 조국을 지키다 산화한 선열들 앞에 고개를 숙인다. 시나브로 삼촌들과 할머니, 어머니의 얼굴이 차례로 겹쳐진다.
 아이가 연기를 맡았는지 연신 쿨룩거리며 잔기침을 하더니 고개

를 갸우뚱거리며 "향은 왜 피우죠? 연기 때문인가요, 냄새 때문인
가요?"라며 퉁명스럽게 물었다. 하지만 내 대답이 무척이나 궁색했
다. 이내 말을 찾지 못하고 머뭇거렸다.

순간 한 곳이 소란스럽다. 자라목을 하고 건너다보니 흰옷을 입
은 할머니들과 훈장을 단 이들이 다투고 있는 게 아닌가. 미망인과
참전용사 사이에 의견이 맞지 않아서인가. 급기야 목소리가 높아지
고 눈물까지 흘리는 할머니들도 있었다. 꼭 이런 자리에서 다툼까
지 해야 하는가 싶었다. 그들은 식을 주도할 사람들이었다. 아이는
여기까지 와서도 어른들의 추태를 보는 것이 싫다며 동행한 것을
후회하는 듯했다.

내겐 6·25사변 때 참전을 한 삼촌이 두 분 계셨다. 큰삼촌은
상이군인으로 전역하였고, 작은 삼촌은 전사하였다. 전장에 나간
자식의 무사귀환을 위해 할머니는 매일같이 향을 피웠다. 전쟁이
끝나고도 생전에 향 피우기를 그치지 않았다. 그래 나는 유년 시절
부터 할머니가 피우는 향내를 맡고 자라야 했다. 목향 냄새가 지나
면 선향 냄새가 집안에 가득했다. 오죽했으면 무당집이라고까지 하
였으랴. 할머니는 전쟁 중에 자식들을 향한 걱정과 전후의 슬픔을
향내에 모두 묻어버리려 했는지도 모른다.

하지만 어머니는 향연으로 집안의 길흉화복을 가늠했다. 향에 불
을 붙이는 첫 연기가 전봇대처럼 늘 곧기를 바랐다. 바람 잘 날이
없던 어머니의 일상. 내 기억으론 연기가 직립으로 오르는 것을 한

번도 본 일이 없다. 하지만 하루도 거르지 않고 향을 피웠다. 군복무 시절 사고로 통합병원에 입원해 있을 때 붕대로 칭칭 감긴 나를 보러 먼 길을 한달음에 오셨다. 그리곤 병실 문 앞에 백지장이 되어 선 채로 중얼거리던 그 소리가 지금도 들리는 듯하다.

"어쩐지 향연기가 좋지 않더니 …."

어머니는 새벽마다 치르는 이 신성한 행사를 향을 '피운다'고 하지 않았다. 언제나 '모신다'라고 했다. 향연 속에 당신의 존재를 낮춰 모든 것을 의지하셨던 어머니. 그래 나도 무슨 일이 잘 풀리지 않을 때는 곧장 향을 모시곤 한다.

미망인과 참전용사의 작은 소란도 향내와 향연 때문이 아닌가 싶다. 미망인들은 수십 년이 지날 동안 그때의 향내를 느끼며 오늘까지 위안을 받아왔고, 참전용사들은 예전의 그 기백을 향연의 오름으로 살아온 것이었으리라.

옆에 있던 노인이 한심하다며 중얼거렸다. 어떻게 지켜온 조국인데 고인의 숭고한 뜻을 엉뚱한 곳에 이용하려 드느냐…. 저리 싸움만 하고 있으니 젊은이들이 무얼 배우겠느냐며 혀를 끌끌 찼다. 자칫 색 바랜 연례행사가 되지 않을까 하는 염려에서였으리라. 그렇다. 노인의 말과 같이 자신들이 걸어온 길을 답습만 하라고 한다면 분명 불협화음이 나타나지 않으랴.

통계자료에 의하면, '지금 당장 전쟁이 일어나면 어떻게 할 것인가?' 라는 질문에 긍정적으로 답한 젊은이들은 거의 없었다고 한다. 심지어 외국으로 도망을 가겠다고 한 이들도 있었다니 이를 어찌하랴.

　전후 세대인 아이나 나에게도 실상 전쟁은 그저 관념적일 수밖에 없다. 그렇기에 눈에 보이는 다른 나라의 전쟁은 단지 피상적일 뿐이다. 전쟁을 겪은 세대들은 그 고통을 알겠지만, 그렇지 못한 세대엔 낡은 사고로 밖에는 들리지 않는다. 재미없는 행사라며 동행한 것을 후회하는 아이의 생각도 무리가 아니지 싶다.

　비록 돌아오지 않는 메아리가 될지언정, 내 아이에겐 이렇게 말하고 싶다.

　"지구촌 곳곳에서 일어나고 있는 각종 전쟁의 양상들을 보아라. 이념도 종교도 모르는 아이들이 자기키보다 더 큰 총을 걸치고, 부모와 형제를 앗아간 적군들에게 총부리를 겨누고 있지 않느냐. 여느 때보다 정신을 차려야 하는 우리의 현실도 직시해야 한다. 아무리 시대가 좋아져서 서로가 왕래까지 하고 있지만, 그들은 엄연히 동족의 가슴에 총을 겨눈 이들이다. 오죽했으면 우리의 전쟁 때도 학도병들이 가방 대신 총을 멨을까. 그 중심부들이 존재하는 한 통일이 되는 그날까지 잠시라도 경계를 늦추지 말아야 한다."고.

　얼마 전 6·25 동란 때 '흥남 철수작전'을 수행한 '메리디스 빅토리호' 당시의 선원 중 한 명이 내한한 일이 있었다. 1·4 후퇴 때, 중공군의 인해전술에 밀려 한 명이라도 더 살리기 위해 민간 상선으로 14,000명의 피란민들을 태우고, 대공포화와 북한군의 기뢰를 뚫고 거제도 장승포항까지의 3일간의 항해는 그야말로 모든 것을 하늘에

맡겼다고 했다. 단 한 명의 사망자도 내지 않았던 당시에 살아남았던 피란민들과 재회를 하는 마당에서 그는 이렇게 말하였다.

"한국의 젊은이들은 전쟁의 참화를 딛고 경제기적을 이룬 부모 세대의 희생을 잊어서는 안 된다."

이렇게 이루어낸 조국이 아닌가. 값진 희생과 살아남은 자들의 피땀으로 이루어진 업적을 한낱 공치사로만 돌리려는가. 기성세대의 향내는 자신의 내면은 감춘 채 외양으로만 훈계하려 하지 말고 젊은이들의 향연 속으로 천천히 걸어 들어가야 할 일이다. 젊은 세대들도 겸허한 자세로 수용해야 하리라. 현실을 탓하기 전에 원초적인 뿌리를 먼저 더듬어 볼 일이지 싶다.

갑자기 박수소리가 온 산을 울렸다. 조금 전까지만 해도 큰소리가 나던 미망인과 참전용사들은 마주보고 웃고 있었다. 식이 시작되고 그들은 같이 향을 올리고 있었다. 때 맞춰 울리는 묵념의 사이렌소리가 화합을 알리는 신호처럼 들려왔다. 희뿌연 포연 속에서 '잊지 마라, 잊지 마라.'는 함성이 들리는 듯했다.

그 속엔 절름거리며 할머니와 손을 잡고 오는 큰삼촌이 보였고, 통합병원 면회실에 석상이 되어 서 있던 어머니가 웃고 있었다. 작은삼촌은 태극기가 달린 총을 두 손 높이 흔들며 내 가슴속으로 천천히 걸어 들어왔다. 나도 모르게 탄성이 터져 나왔다.

"오늘 향 잘 오릅니다."

아이는 잡고 있던 손을 자꾸만 꼼지락거리고 있었다.

삶은 돼지고기에 대한 단상

직장에 간 딸아이에게 전화가 왔다.

"아빠, 오늘 그 음식 먹고 계속 토하기만 했어요."

막내아들에게 전화를 해 보았다. 아무 일 없다고 했다. 이상하다, 우리 집엔 남자들의 위장만 튼튼하단 말인가. 더 이상 원망소리를 듣기 싫어 그것을 음식물쓰레기통에 버렸다.

날짜를 꼽아보니 그것이 우리 집에 들어온 지 닷새째다. 생것이라면 오래 갈 수 있는데 삶은 것이라 빨리 먹지 않으면 오히려 독이 될 수 있다고 아내마저 우려하던 터였다. 더군다나 육류 중에서 제일 빨리 상하는 것이라고까지 했다. 잔치 끝에 꼭 탈나는 음식이며, 여름철이면 하루가 멀다 하고 식중독으로 떠들썩하는 것이다. 오죽하면 '잘 먹어야 본전'이라고까지 할까. 하지만 지금은 겨울철이고 냉장고에다 보관까지 해 두지 않았던가.

금세 삶은 것은 입에 착 달라붙는 맛이다. 적당한 두께의 비계층으로 이루어진 것을 된장, 대파, 소주 등을 첨가하여 뭉근히 끓이면 특유의 고기냄새는 없어진다. 더군다나 씹는 즐거움까지 더해주니 한 번쯤 침이 넘어가는 음식이다. 육류를 좋아하는 이들 중, 그것을 싫어하는 이들은 아마 없을 것이다.

식당을 하는 친척이 설날 대목장을 실하게 보려고 많은 양을 장만했다. 그런데 올핸 유난히 물건이 많이 남았다고 했다. 명절이 끝날 때까지 그대로 둘 수 없는지라 한 덩이씩 '시사떡 가르듯' 나누어 주었다. 우리 식구가 매일 먹는다 해도 족히 일주일 정도는 갈 양이었다.

명절 후 다이어트는 꿈같은 이야기가 되어버렸다. 더군다나 육류를 즐기는 내게 그것은 여러 가지 요리로 만들어졌다. 살짝 다시 삶아 신 김치를 얹어 먹으면 김치말이요, 각종 양념을 넣고 고추장으로 버무리면 고추장 불고기가 된다. 야채와 상 위에 얹힌 다른 반찬을 얹어 볼이 미어지게 넣어 씹는 맛은 어디에도 비길 수 없는 즐거움이었다. 거기다 술까지 한 잔을 곁들인다면 평소 쌓인 피로까지 싹 가시는 먹을거리다.

무엇보다도 써는 재미가 쏠쏠하다. 음식 만들기를 즐기는 내겐 또 하나의 취미거리다. 생선 회 뜨듯 조심스레 편육을 잘라 반듯반듯 접시에 놓는다. 모양대로 질서정연하게 놓인 양은 보기만 해도 군침이 돈다. 그 재미에 며칠을 빠져있다. 좋아하는 음식 앞에 다

이어트는 한낱 희망사항으로만 남아버렸다.

　중년에 들어서면서 신체의 대칭을 이룬다는 것은 하늘의 별 따기처럼 어렵다고 했던가. 특히 상체비만은 더욱 감당키 어렵다. 활동량이 줄어들다 보니 아랫배 쪽으로 지방이 몰려 약해진 하체가 따르지 못한다. 걸음걸이는 낡은 마차처럼 늘 삐걱거린다. 걱정스레 바라보는 이는 가족들이다.

　또래들에 비해 유난히 고기를 좋아하는 막내아들까지 깨춤을 춘다. 누나가 기겁을 하며 자제를 했지만 아랑곳 않고 신이 난 아이는 들며 날며 찰떡 떼듯 잘라 먹었다. 아이는 아픈 추억 정도는 잊었나 보다. 할머니가 돌아가셨을 때 눈물을 흘리며 급하게 먹다 심하게 체한 적이 있었다. 그 후로 한동안 그 고기에 고개를 돌리더니 언젠가부터 다시 좋아하게 되었다. 무슨 중독성이라도 있단 말인가. 한참 크는 아이들에게 자기 입에 맞는 음식은 자제하기 힘든 유혹이었다.

　나뿐만 아니라 아들도 늘 다이어트에 신경을 쓰고 있다. 우리 부자는 어디에 내놓아도 찾을 수 있는 '호빵부자'라는 닉네임이 붙어 있다. 고기에의 탐닉, 특히 돼지고기에 대한 그 욕망만 잠재우면 반 이상은 이루어진 것이나 다름없을 것이다. 하지만 어쩌랴, 밥상 위에 육류가 얹히지 않으면 단번에 '에이, 오늘 반찬이 왜 이래.' 하기 일쑤다.

　문득 찰스 램의 '돼지구이를 논함'이라는 수필이 떠오른다. 초가삼간 다 태우고도 구운 돼지고기 맛에 반해 버린 호티와 그의 아들 보보의 이야기. 오죽했으면 돼지구이 맛에 취한 보보는 아비의 몽둥이질을 '파리가 기어 다니는 정도로 무시해 버렸다.'고 했을까. 아비인 호티 또한 그 맛을 보고 반해, 부자는 불탄 초가삼간쯤은 까맣게 잊어버리고 먹이에 취해버렸다. 호티는 이 맛의 비밀을 절대 입 밖에 내지 말라고 일렀으니 우리 부자와 억지 궁합이라도 맞는 건가.

  학교에서 돌아오면 막내는 냉장고문을 먼저 열 것이다. 그것이 없어진 것을 알고 실망스러워 할 모습이 눈에 선하다. 하지만 어쩔 수 없다. 나로 인해 다이어트에 실패했다고 온 가족들로부터 질책을 받는 것보단 낫지 않겠는가.

  저녁 찬거리를 준비하러 시장에 갔다. 오늘은 무슨 반찬을 해 볼까. 딸은 생선을 원할 것이고 '아침은 황제처럼, 저녁은 거지처럼'을 주장하는 아내는 간단히 먹기를 늘 반복한다. 선택의 귀로에 서 있을 땐 늘 망설인다. 가족끼리 식성은 닮는다는데 우리는 전혀 반대다. 반찬이 없다고 투덜거릴 막내아이의 모습이 눈에 선해 정육점 앞에 섰다. 은은하게 비치는 조명 아래 놓여있는 돼지고기가 유혹을 한다. 그러다가 딸아이의 전화소리가 갑자기 귀에 앵앵거리며 크게 들리는 것 같아 걸음을 다른 곳으로 옮긴다.

  저녁에 돌아온 딸아이는 멀쩡했다. 딸아이와 아내는 알 수 없는 미소를 보내고 있는 듯했다. 순간 휴지통에 버린 삶은 돼지고기가 생각났다. 그것이 다른 음식물쓰레기에 비해 아직은 사치품일 것이란 생각이 언뜻 들었다. 아, 삶은 내 돼지고기여!

2. 못

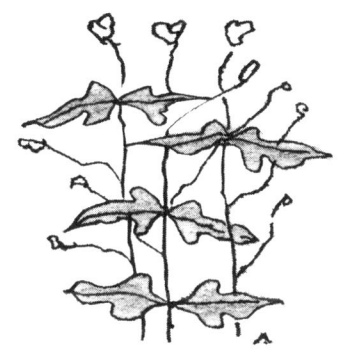

· 묶다
· 부조금 단상
· 나비, 바람 속에 잠들다
· 구묘지간
· 허수아비
· 허기
· 만과 만
· 관계
· 못
· 떴다. 출서방

묶 다

배추를 묶고 있다. 녀석들이 눈을 흘긴다. 단지 정형화를 위한 작업을 할 뿐이다. 틀에 맞춰 시멘트를 붓듯 모양을 만들려고 할 뿐이다. 이 세상에 무수한 흐트러짐, 그들은 제대로 대접 한 번 받지도 못 하고 사라져 간다.
나는 정장 입기를 거부한다. 남들보다 목이 굵은 탓도 있지만 얽매이기 싫어서다. 청바지에 헐렁한 셔츠가 좋다. 혹여 만찬이라도 있어 꼭 필요할 때는 미리 걱정이다. 언제쯤 넥타이를 풀 수 있을까, 그날의 모임은 반벙어리가 된다.
점점 글쓰기가 어렵다. 혼자서 자유롭게 쓸 때는 술술 잘 넘어갔는데 형식을 알고부터 자꾸 어렵다. 작가는 등단 후 다작(多作)이 과작(寡作)으로 바뀌는 것을 종종 본다.
힘 뺀 손목 스냅이 목표지점에 명중한다. 어깨에 힘이 너무 들어가면 스파이크 한 공은 엉뚱한 곳에 떨어져 아웃이 되고 만다.
배추를 묶어주면 제 멋대로 넘어지지 않고 내실이 꽉 찬다. 될 성싶은 것만 골라 묶는다. 이미 제 멋대로 뻗어나간 녀석은 노란 속엣것조차 없다. 이런 녀석은 김치를 담아도 뿔뿔이 흩어지기 십상이다. 남들 이목 때문에, 체면과 형식 때문에 자신을 묶어야만 되는 현실 앞에 잠시 머뭇거린다.
멋대로 뻗어나간 딱딱이 배추는 속은 차지 않지만 저냐를 부쳐 먹거나 잘게 썰어 참기름과 깨소금, 고추장 한 숟갈 넣어 생나물로 비벼 먹으면 그 또한 일품 먹을거리다.
배추 묶는 손을 멈추고 슬며시 목을 만져본다.

부조금 단상

경조사 소식이 오면 늘 얼마를 할까, 고민하게 된다. 당사자의 얼굴을 그리며 나와의 관계를 생각한다. 오랫동안 지속되어 온 친척, 자연적으로 만난 지인, 공감대를 형성하며 시대를 같이 살아가는 친구, 그들과의 관계를 증명해 주는 게 요즈음은 물질적인 징표로 나타나기도 한다.

우선 A, B, C급으로 나누어 본다. 가까운 친척이라면 A급, 나와 개인적으로 친분이 있다면 B급, 안 가기는 께름칙하니 가서 눈도장이나 찍을 정도라면 C급, 이 세 가지 유형에 끼지 않고 고개를 갸우뚱할 정도라면 방명록을 뒤적인다. 방명록은 일종의 품앗이 기록장이라 할 수 있다. 얼굴과 금액을 떠올린다. 틀림없이 예상했던 판단이 맞아 떨어진다.

그런데 애매한 것은 C급이다. 몇 년 전의 C급 금액을 하기에는 물가도 많이 올랐고 돈의 가치 또한 떨어졌으니 가장 낮은 액수는 뭔가 낯간지러울 수도 있다. 하필이면 부조금의 낮은 액수는 홀수부터 나가다 흐트러진다. 이 비정상적인 수열의 조합. 3, 5, 7, 10, 15, 20….

두 눈 찔끔 감고 고액을 투자한다면 분명 상대방은 의아한 생각을 할 것이다.

"어, 나와 그럴 관계가 아닌데…."

아, 나는 얼마나 속물근성을 가지고 있는가. 바쁜 중에도 우리를 생각하여 보내온 성의에 이재만 따지고 있다니 배려하는 마음에 먹칠을 하고 있는 것이었다. 누군가를 저울대 위에 올려놓고 물질문명의 잣대를 실험해 보고 있지 않는가. 그가 나를 어찌 생각하고 있는지도 모르는데 말이다. 흔히 사람들은 그 사람의 됨됨이를 보려면 길, 흉사 때 가보면 안다는 이야기를 한다.

실제로 이웃에서 그런 일이 있었다. 부동산으로 목돈을 벌어들인 한 지인의 상가엘 간 적이 있었다. 평소 그는 돈이 되지 않는 일에는 일체 발걸음을 들이지 않았다. 오죽했으면 자식들까지 구두쇠라고 혀를 내둘렀을까. 그런 그가 심장마비로 얼마 전 유명을 달리했다는 소식에 상가에 들렀는데 이를 어쩌나, 문상객이 나 혼자뿐이었다. 아무리 그래도 인간사가 그렇게 야박하리라곤 미처 생각지 못했다.

오늘 잔칫집은 그렇고 그런 사이다. C급으로 하기엔 낯간지러워서 C^+로 하기로 했다.

 이러면 될 걸 괜히 고민을 했다. 그러면 봉투를 열어보는 사람도 미소를 보일 것이다. 나도 떳떳하게 식권 한 장을 고개 들고 받아 올 수 있지 않겠는가.

 부조금을 넣을 때는 이상하리만치 보이지 않는 강을 생각나게 한다. 지두 크리스나무르티는 말하였다.

 "관계에서 불화를 일으키는 제일 원인은 한결같은 갈망의 중심인 자기 자신, 즉 자아이다."

 혼주의 말이 떠올랐다.

 "자네 집에도 과년한 여식이 있제?"

 그는 나를 어떻게 생각할까.

나비, 바람 속에 잠들다

 뒷다리를 일으켜 세우며 겨우 안간힘을 썼다. 쏟아지는 빗속에도 털은 곧추 세워져 있었다. 지나는 바람 한 점에 또 꼬꾸라졌다. 새벽마다 들리는 치매 걸린 이웃할머니의 목소리까지 내고 있었다. 점점 멀어져 가는 의식 속에서 발자국 소리를 들어서였던가. 마지막 힘을 다하여 구원의 손길을 보내오는 듯했다. 그 모습을 그저 애타게 바라보고만 있을 뿐이었다.
 최후통첩의 기미를 보인 후 몇 번인가 다시 시도하려 하지만, 그만한 동작은 나오지 않았다. 이미 기력이 다한 모습이었다. '틱' 현상처럼 간헐적인 떨림만 계속되었다. 마지막으로 무슨 말을 하려는 듯 눈을 한 번 번쩍 뜨더니 좌우를 둘러보곤 서서히 이승과 이별을 고하던 할머니의 임종 모습이 떠올랐다. 점점 목이 늘어졌다. 이제 돌아가려나 보다. 길게 한 번 울더니 심전도의 선은 직선으로 바뀌어 갔다.
 무슨 생각을 하고 있는가? 그냥 지나치면 그만인데 나는 그를 철저히 유린하고 있는 꼴이다. 변명을 하려 머리를 굴리지만 도대체 어쩌겠단 말인가. 천덕꾸러기 새끼고양이 한 마리가 지금 세상을 하직한다고 무엇이 달라지겠는가. 오히려 길을 가다 불쑥 튀어나오거나 쓰레기봉지를 뒤지는 모습을 보지 않아 다행인지 모를 일이었다. 그런데 그는 최후로 나의 도움을 바라고 있었다.
 비는 점점 굵어지고 바람이 거세어졌다. 장승처럼 서서 서푼어치도 되지 않은 알량한 감성을 나무랐다. 묶여진 쓰레기봉지들의 입이 풀리고 뒤집어져 내용물들이 흩어졌다. 전깃줄이 울고 번쩍이는 번개와 천둥소리가 차츰 가까이 다가왔다. 여태껏 살아오며 그런 난리를 몇 번 보지 못했다. 나는 그의 사인을 증명해줄 최후의 목격자일 뿐이었다.
 태풍 '나비'의 시작이었다. 앞으로 나가지도 되돌아가지도 못한 채 서 있었다. 수확 철이면 다가오는 태풍은 경계해야 할 마수였다. 완제품을 앞둔 상품 앞에 밀어닥친 걸림돌이었다. 저대로 두면 모두 폐기 처분해야 했다. 여기서 날개를 접을 순 없지 않은가.
 '예쁜 이름일수록 위력이 더 세다.'고 했던가. 태풍 '매미'가 왔을 땐 불과 몇 백 미터 앞에 있는 집으로도 가지 못해 몇 시간 이상을 헤매었다. 도로가 엿가락 휘듯 늘어져 하늘을 향해 꿇어앉아 있는 듯했다. 자동차들은 구겨지고 부서져 장난감 모형 같았다. 대자연의 이치 앞에 보잘것없는 인간의 욕망이 심판 받고 있었다. 그 여파가 어디 보이는 것에만 국한되었던가.

IMF 태풍은 또 어떠했는가. 의지할 곳 하나 없는 이들에게 바람은 가슴에 더 큰 구멍을 만들었다. 주위에는 아무도 없고 철저하게 고립되었다. 주체할 수가 없어 시야에서 멀어져 가는 이들이 속출하고 인간의 꽃밭에는 풀 한 포기조차도 남지 않았다.

태풍 속에 갇힌 수많은 눈들을 보며 진저리를 쳤다. 저러다 말겠지 했지만, 그 매암 돌기는 더욱 빨라졌다. 그것은 욕심의 너스레를 가로질러 만든 허방다리였다. '제 꾀에 제가 넘어간다.'라고 했던가. 산더미 같은 해일이 연신 집채를 덮치고 있었다. 언젠가 미꾸라지를 잡으러 갔던 날, 알지 못하는 깊이의 진창에 빠져 자꾸만 내려간 적이 있었다. 허우적대면 댈수록 더욱더 깊이 빠져 들어갔다. 그날의 공포가 또다시 찾아 온 것 같았다.

차라리 잘 되었다 싶었다. 그는 살아가기 위해 얼마나 많은 아귀다툼을 해야 하며, 인간들에게 따가운 눈총을 받을 것인가. 어떤 이는 지나며 돌을 던지기도 하고, 침까지 뱉기도 한다. 심지어 그의 몸에다 못까지 박고 있었다. 이젠 그런 모욕을 받지 않아도 될 것이 아닌가.

누가 시키기라도 했는가. 그는 고개를 살짝 돌리고 앞발은 턱에 괸 채 편안한 잠에 빠져 있었다. 미소까지 살짝 보였다. 저렇게 평화스러운 것을 무엇 때문에 몸부림을 쳤을까. 나도 후일 자연으로 돌아갈 때 저런 모습이었으면….

　다가갔다. 저대로 두고 오가는 사람들의 외면을 받아선 안 되겠다는 생각이 들어서였다. 털을 살짝 건드려봤다. 금세라도 팔딱이며 일어날 것만 같았다. 그렇게 설치던 바람도 잠시 잠을 잤다. 서서히 싸늘해져 갔다. 비둘기는 어디에서 왔는지 을씨년스럽게 울고 있었다. 후여후여 손짓으로 쫓았다. 같은 미물끼리 어찌 그리 야속하단 말인가.

　나는 지금 도심의 태풍을 피해 시골 변두리에 나와 있다. 그동안의 눌러두었던 상처는 생각보다 깊었다. 의사는 짧게는 수개월, 길게는 수년 몸과 마음을 다스려야 한다고 했다. 문명 속에서 고개를 숙여 온 대가가 이것이던가. 타협을 모르고 무시로 살아 온, 태풍 같던 내 행위가 결국 회한으로 돌아왔다.

　잡초무더기를 헤집어 작은 성자를 묻었다. '여기 채 날갯짓을 못한 어린 나비 한 마리 바람 속에 잠들다.' 마음속으로 묘비명을 새기며 천천히 성호를 그었다. 태풍 '나비'가 수년이 지났지만 아직도 내 발을 묶고 있다.

구묘지간(鳩猫之間)

 집을 나서는데 골목 한 쪽이 부산하다. 버려진 음식물을 서로 차지하려고 비둘기와 고양이가 한 바탕 전쟁을 치르고 있다. 비까지 추적추적 내리는 날이다. 비둘기와 고양이, 이들 사이를 구묘지간(鳩猫之間)이라고 했던가.
 비둘기는 고양이의 눈과 발톱 앞에 잡힐 듯 하다가는 날고, 동작을 멈추면 다시 수직 하강하여 쟁탈전이 벌어진다. 싸움을 하면서도 그들은 취할 건 다 취한다. 고양이는 단지 위협만 할 뿐, 비둘기를 해하려고 하지는 않는 성싶다. 걸음을 멈추고 둘이 치르는 전쟁의 양상을 한동안 바라본다.
 둘은 사람들의 귀여움을 독차지하는 동물이었다. 그런데 이처럼 서로 다툴 줄 누가 상상인들 하였으랴. 기껏해야 비에 맞아 불어터진 음식물 앞에서 찬란한 자존심마저 굽히고 싸우고 있는 것이다. 지금 비둘기는 더 이상 평화의 메신저가 아니다. 고양이는 단지 거리의 폭군일 뿐이다. 하지만 그들의 전쟁이야말로 생존을 위한 싸움이 아닌가. 가장 원초적인 욕망의 덫에서 자유로울 수 없는가 보다.

이제 사랑과 평화의 상징이었던 비둘기들은 공원을 그들의 분비물로 초토화시키고 파종한 씨앗들을 앗아간다. 몰염치한 침입자로 탈바꿈한 것이다. 아이들이 던져 준 온갖 과자부스러기들로 인해 비대해져 어제의 날렵하던 모습은 찾을 수가 없다. 오죽하면 '비둘기는 콩밭에만 마음이 있다'라고 하였겠는가.

나는 언제부턴가 비둘기의 신속성을 한 번 실험을 해보고 싶었다. 그래서 이따금 도로에 내려앉은 비둘기를 향해 차를 몰아 속도를 낸 적이 있었다. 물론 생명에 대한 외경심을 버린 잔인한 짓임에는 틀림이 없지만…. 그때 녀석은 제 몸에 차가 닿기도 전에 쏜살같이 앞질러 날아오르곤 했다. 하지만 이즈막엔 차에 치인 비둘기의 잔해를 도로에서 이따금씩 볼 수 있다.

고양이는 어떠한가. 새벽이면 어김없이 들리는 종족번식을 위한 그들의 포효. 미상불 이 세계를 자기들의 도시로 만들겠다는 것인가. 모래판을 저들의 배설물로 쌓아놓는가 하면, 영역을 표시하겠다고 오줌을 지리기도 한다. 그리고 낮에는 누가 침범할까 숨어서 지켜본다. 그래 아이들의 놀이터는 그들이 배설한 기생충으로 오염되어 더 이상 그 기능을 상실해버렸다.

어디 그뿐인가. 자기보다 몸집이 작고 움직이는 것이면 모두 표적으로 삼는다. 관상용 새들은 숫제 고양이의 눈에 질려 낮잠조차 즐기지 못한다. 한 손은 투입구를 열고 다른 손을 넣어 낚아채는 모습은 보는 이를 전율케 한다.

'상생(相生)'이란 단어가 있다. '쇠는 물을, 물은 나무를, 나무는 불을, 불은 흙으로, 흙은 다시 쇠로 환원됨'을 일컫는 말일 게다. 요즘 정치권에서 자주 사용하는 말이다. 그들은 국민과 나라를 살리기 위해 힘을 합치자는 것이 아니라, 자기들부터 살자는 의미로 쓰는가 보다. 툭하면, 타인들의 의사는 무시한 채 싸우다 호응이 낮으면 본래의 의미와는 상반된 단어를 사용한다. 그래 선가. 청소년들 세계에도 개인주의가 팽배하고, 집단 이기주의가 만연되어 정이란 눈 씻고 찾기 힘들다고 모두들 걱정한다.

임업시험장에 간 적이 있었다. 유난히 많은 사람들이 온실 쪽으로 몰려 있었다. 목기린이란 선인장에 둥근 선인장을 접목하여 영롱한 꽃을 피우고 있었다. 모양이 엄연히 다르지만 화합하여 조화를 이루고 있었다. 이것이 진정한 상생이 아닐까 싶다.

볼테르는 "나는 당신 견해에 반대한다. 하지만 그 생각을 당신이 간직할 수 있도록 끝까지 싸우겠다."라고 하였다. 합일점을 찾아내기 위해 밤을 새우며 상반된 의견으로 설전을 벌였던 학창 시절의 토론의 광장을 떠올린다. 그리고 결론을 도출해 내곤 악수하며, 서로의 의견을 존경해 주었던 그 시절이 한없이 그립기만 하다.

상생과 비슷한 의미로 공생(共生)이란 단어를 나는 좋아한다. 모심기가 끝난 들에 나가 논배미를 바라보고 놀란 적이 있었다. 물과 햇볕과 농부의 땀으로만 벼들이 자라려니 했다. 그런데 나의 관념은 완전히 빗나가 있었다. 논바닥엔 수많은 상호작용이 일어나고 있었다.

올챙이들은 벼에 붙은 찌꺼기들을, 우렁이는 불필요한 이끼를, 미꾸라지는 모기유충을 잡아먹으며 수정작업(水淨作業)을 하고 있었다. 어디 그뿐이랴. 실지렁이는 흡사 바다의 말미잘이 촉수를 흔들 듯 춤을 추며 흙의 호흡을 돕고 있었다. "어찌 이놈들을 보고 독한 약을 치겠습니까."라며 농부는 말했다.

뒤돌아보라. 자신들이 선택한 지도자들은 모두 단두대에 올려놓고 희희낙락하며 과거만을 들먹이고 있다. 명예에만 눈이 어둡다 보니 장관들의 생명은 짧게는 수 일 만에 옷을 벗는 현실. 그러는 사이 젊은이들은 반기를 들고 동료들을 배반하는 불상사까지 일으키지 않는가. 누가 있어 이들을 보상해 줄 것인가.

이 사람만큼은 우리들의 마음을 대변해 주겠구나 싶은 자들도 모두 어디로 가버렸는가. 한 때의 사랑 받던 기억들은 멀리 한 채 오늘도 먹이만을 위해 싸우고 있는 저 비둘기와 고양이와 무엇이 다르겠는가.

한바탕 싸움이 끝이 났다. 으르렁거리며 싸우다가 아무 일 없다는 듯 제 갈 길을 가고 있다. 그리곤 아직도 채우지 않은 배를 웅크리며 다른 곳을 찾아 이동할 것이다. 그들은 이후로도 늘 배가

고프다고 할 것이며, 음식물을 두고 서로 차지하려고 싸울 것이다.

찬란했던 그들의 명성이 다시 찾아왔으면 얼마나 좋으랴. 구묘지간(鳩猫之間)이란 사자성어가 사이가 좋은 사이에 쓰는 말이라고 사전에 자리 잡을 그날이 기다려진다.

허수아비

밭주인은 나를 보자마자 발로 걷어찼다. 맥없이 구석에 처박히며 팔이 부러졌다. 소리를 지르고 맞붙어 싸워 쫓아내지 왜 가만히 있었느냐고 했다. 아, 밤새 고구마 밭을 지킨 대가가 이것이란 말인가.

오늘도 생존권을 보장하라는 시위가 여기저기서 벌어지고 있다. 얼마 전부터 한 도시 전체가 시위로 진저리를 치더니 급기야 '불법 시위 성공하면 어느 누가 법을 지키랴'라는 현수막까지 나붙었다.

사람들이 사는 사회에서는 날마다 먹을거리 전쟁이다. 자기 것을 남에게 빼앗기면 그냥 지나치는 경우가 없다. 더군다나 짐승들에게 당하자 올무를 설치하고 총을 들고 사냥개까지 동원하여 눈을 희번덕이고 있다. 자기들 잘못은 뒤로하고 우선 눈에 보이는 것에만 연연하며 목청을 높이고 있다.

오호라, 통제로다 이를 어찌 하면 좋아
장난삼아 칠 양이면 맛만 보고 지나가지
오십 여 평 밭뙈기를 모질게도 파헤쳤네
곡우 지나 청명한 날 오일장서 순을 사다
엇비슷이 심어 놓고 줄기 따라 물을 주니
뿌리조차 내리기 전 마음부터 부자였네
봄놀이며 대소사와 휴일까지 반납하고
땡볕 아래 풀을 뽑고 땀 흘리며 가꿨는데
녀석들의 분탕질이 하루아침 먹이 됐네

처음부터 밭주인이 나를 홀대한 건 아니었다. 고구마 순을 심을 때 어루만져주고 등도 두드려 주었다. 그들은 일을 하다가 내 팔에다 모자와 윗도리를 걸어놓고 쉬며 가족처럼 대해 주기도 했다. 이런 주인에게 나는 항상 충성할 자세가 되어 있었다.

일이 벌어진 건 겨우 고구마가 여물어가고 있는 오늘 새벽이었다. 나는 지독한 원시인데다 밤눈까지 어둡다. 사위가 어두워지면 숫제 눈을 감고 있다. 놈들은 언제부턴가 그런 나를 숲에서 호시탐탐 엿보고 있었다.

밭주인도 만만치 않았다. 동료들을 사방에 배치하고 중심에 나를 세웠다. 좀약까지 매달고 미용실에서 머리카락을 구해 곳곳에 두었다. 심지어 동물원에 가서 호랑이분비물까지 구해 뿌렸다. 마지막으론 비닐을 이중으로 돌아가며 쳐서 마치 성처럼 만들었다. 바람이라도 불면 비닐은 너울거렸고, 호위무사 네 명은 사대천왕처럼 각각 다른 표정으로 눈을 부릅뜨고 있었다. 흡사 수십 명이 함성을 지르는 듯했다.

이웃 텃밭이 당했다는 소식이 들렸다. 몇 고랑 안 되는 고구마 밭은 놈들의 굶주린 배를 채우기에 양이 적었는지 땅콩과 옥수수까지 초토화 시켰다. 그때까지도 우린 기세가 등등했다. 이렇게 완벽한 요새를 녀석들이 어떻게 들어오려나 싶었다. 혹시나 싶어 밭주인은 비닐을 한 겹 더 둘렀다.

지독한 열대야였다. 날씨까지 이런데 설마 무슨 일이라도 있을 것이냐며 겨우 새벽잠을 청했을 때였다. 갑자기 숲에서 억새들이 흔들리고 폭우 쏟아지는 소리가 들리며 녀석들이 몰려오기 시작했다.

놈들의 일차 목표는 나였다. 일방적으로 밀어붙였다. 세 겹이나 두른 비닐은 맥없이 찢겨 나가고 동료들은 추풍낙엽처럼 쓰러졌다. 흡사 수많은 군마들이 먼지를 일으키며 구름처럼 몰려든 것 같았다.

나는 허둥대기 시작했다. 놈들이 밭고랑을 매듯 고구마 줄기를 훑어낼 때는 침이 바짝바짝 말라 속까지 타들어 갔다. 이럴 줄 알았더라면 내 목에 종이나 빈 깡통이라도 달아 달라고 할 걸….

놈들의 주둥이는 흡사 지뢰탐지기와도 같았다. 고구마가 달렸다 싶은 곳은 용하게 알아냈다. 그리곤 창고에 저장이라도 하듯 와작와작 씹어 삼켰다. 왕성한 식욕 앞엔 아무것도 남아나지 않았다. 수십 고랑 중에 성한 곳은 하나도 없었다.

오죽하면 새끼부터 어미까지 온 가족이 몰려왔을까. 배고픔을 참

다못해 인간들에게 강력한 메시지를 보내고 있는 것이었다.

> 조선시대 홍경래가 부패 심한 관료에게
> 던져진 첫 불화살에 임술항쟁 갑오항쟁
> 전국 곳곳 불씨 되어 농민항쟁 시작 됐네
> 무전농민 유민되어 이곳저곳 부유하다
> 양반관료 대항하여 권리 주장 하는 것과
> 먹을거리 잃은 우리 그 무엇이 다를쏘냐
> 난개발과 보신제로 먹이사슬 파괴한 죄
> 도토리와 밤들까지 겨울양식 앗아간 죄
> 다시 한 번 생각하세 인간의 죄 돌아보세

 동이 트자 지나가는 이들마다 고구마 밭을 보고 혀를 내둘렀다. 녀석들을 소홀히 대해 앙갚음을 당했다고 비아냥거리기도 했다. 나를 바라보는 시선은 흡사 도둑맞은 집 개 쳐다보듯 했다. 변명이라도 해보려고 버둥거려 봤지만 몸은 말을 들어주지 않았다.
 도덕은 어디로 실종되었단 말인가. 조금이라도 자기에게 불이익이다 싶으면 앞뒤 견주지 않고 밀어붙이고 있다. 숫제 나 외에는 모두가 백안시할 뿐이다. 평화와 침묵을 외치던 시위 모습은 이젠 어디에도 찾아볼 수 없다.
 해마다 되풀이 되는 멧돼지들의 시위, 올해 유난히 심해 전국을 강타하고 있다. 너도나도 해할 궁리만 내지 원인을 찾을 생각조차 하고 있지 않고 있다. 오죽했으면 그들의 생존권을 보장하라고 영화로까지 만들었을까.

  과연 그들만 탓할 일인가. 바라보는 내 마음은 그저 애만 탈 뿐이다. 요즘 사람들 사이에 상생과 공생이란 말이 자주 회자되고 있지 않은가. '야생조수보호법'을 적용하여 숲 속 평화도 이루고 사람들과 더불어서 살아간다면 얼마나 좋을까.

  그런데 나는 누구인가. 예가 아닌 것은 취하지 말라고 했건만 나의 행동이 실속 없는 줄 뻔히 알면서도 늘 헛수고만 하고 있다. 한때는 우리들 때문에 들판의 정의가 통하였지만 이젠 그저 건들기만 하여도 넘어지는 무지렁이일 뿐이다. 난 더 이상 가을 들판의 로맨티스트가 아니다.

  갑자기 한기가 느껴지며 가슴이 옥죄어온다. 아직은 팔월이 아닌가. 약봉지를 더듬거리며 알약 몇 알을 꺼내 입에 넣는다. 나는 오늘도 들판에 서서 자신의 처지를 한탄하며 슬픈 노래를 부르고 있는 나무십자가, 허수아비일 뿐이다.

허 기

자꾸 배가 고파온다. 어디에 견줄 수 없는 배고픈 육신은 하이에나처럼 자꾸만 두리번거린다. 공복을 느끼는 오후 여섯 시. 라디오에서 흘러나오는 시그널 뮤직이 옥죄는 위장의 경련을 잠시나마 달랜다. 물 한 모금 입에 넣어 몇 번이나 굴리다 넘긴다. 바위 같은 무게가 흉부에 막힌다.

시간이 지나면 차츰 나아지겠지. 오늘 하루도 무던히 부끄럼 없는 행동을 했다. 빈 밥그릇을 채우려고 거짓 웃음을 지었고 상대를 미워했다.

아직은 도와줘야 할 고등학생 막내아이의 눈매가 이중으로 겹쳐온다. 언제까지 그 아이를 곁에 두고 볼 순 없다. 빠른 장래를 위해 흥미 없이 다니는 학교에 자퇴를 하라는 비정한 아버지의 마음을 오늘도 알아주리라는 기대를 잠시 가져 본다. 도덕을 앞세우기보다 물질을 우선으로 생각하는 기성세대의 대열에 서 있는 자신을 보곤 '이건 아닌데…'를 되뇌며 잠시 치를 떤다. 소변 후 치러지는 생리현상과는 먼 거리다.

　현실을 앞세우며 아이의 정서를 잘라먹어야 한다고 생각하니 허리가 저려온다. 맞지 않는 옷을 입은 듯 오늘 하루를 부려야 하는 일상, 지금 나는 깊은 강을 건너고 있다. 블랙홀에 빠지지 않기 위해 신체의 각 기능을 무시하고 무리하게 배를 타고 있다.

　자유분방했던 주변에 변화가 일기 시작했다. 지나가는 바람처럼 다시 돌아와야 할 텐데 여태껏 사용한 노구가 스프링처럼 다시 튀어 오를지 저어하다. 무엇부터 바꿔야할까. 눈을 감고 생각하다 이대로 잠들어 버리지나 않을까 조바심이 앞선다.

허리, 놀라다

　담당 의사는 누우라고 하더니 주무르고 침을 놓은 후 뜨거운 팩으로 허리를 이완시켰다. 수년 전 어느 집에 방문했다가 허리가 갑자기 아파 옳게 서지도 못 하고 기어서 왔던 기억이 떠올랐다. 의사의 진단은 디스크가 재발했단다.

　여태껏 가만히 있다 왜 이제야 돌출한단 말인가. 그동안 숙지게 하려고 재래시장 건재상을 다니며 구해먹은 오백 마리 마른 지네의 잠재력이 있으련만…. 용하다는 소문만 듣고 지방의 모 의원에 주사 맞으러 갔다가 사람이 많아 되돌아 온 기억도 떠오른다.

며칠 지나 그 병원은 향정신성 의약품의 과다 사용으로 의사가 구속되었다는 소식에 밤새 뒤척여야 했다. 다시 그 과정을 또 되풀이 하란 말인가. 하필이면 불과 몇 십 킬로그램 밖에 되지 않는 물건 두어 번 옮긴 것에 허리가 고장 날 게 뭐람. 그때까지 난 수 십 킬로그램 되는 쌀가마를 어깨에 들쳐 메고 운동장을 돌았던 기억만 가지고 있었을 뿐이었다.
　"오십 년을 사용해 온 허리가 어디 온전하겠어요?"
　의사의 얼굴이 확대되어 나타났다.
　마음에도 없는 일을 하다 또 허리 병이 도지고 말았다.

　잠이 오다

　아침부터 눈이 감겨왔다. 지난밤엔 족히 다섯 번은 더 자다 깼으리라. 지금 어디로 가고 있는가. 한때 누렸던 영광들을 뒤로하고 산간벽촌으로 빠져 나왔다가 다시 회색 도시에 복귀했다. 멀리 두었던 사람들과 가까이 대면하다보니 그들이 갑자기 외계인처럼 느껴졌다. 넥타이를 조였는데도 자꾸 느슨해진다. 한마디 하기 전에 두 번을 생각하여야 했다. 과민한 성격의 한 중년 남자는 다시 현실에 적응하기 위한 예비심사를 치러야 했다. 아무리 정신을 가다듬는다 해도 신체엔 한계가 있다.
　인간의 한계는 정신만 가지고는 이룰 수 없다. 거기에 따라 체력 또한 뒷받침해야 하기 때문이다. 그런데 당최 정신을 차릴 수가 없다. 같은 시간 안이라도 꽉 짜여 있을 때는 늘 허둥대기만 한다. 적응하는데 이다지도 힘이 든단 말인가. 그동안 치러낸 인생계급장, 결코 순탄치 않았던 내 이력들이 한갓 졸음 앞에 고개를 숙여야 한다고 생각하니 자꾸만 처지는 눈꺼풀을 붙들어 매고 싶다.
'어, 진짜 이건 아닌데….'
수년 전부터 맞춰 놓았던 새벽 다섯 시 자명종을 늦춰야겠다. 굳게 믿어왔던 정신 앞에 육체는 서서히 침몰해 갔다.

체중이 불다

요요현상인가. 차라리 씁쓰름해야 할 입맛이 자꾸 당겨졌다. 뜬금없이 체중은 늘게 뭐람.
사람들의 눈엔 단번에 내가 상대할 것인가, 아닌가를 파악한다고 하니 이미지 쇄신은 대화기법보다 더 우선일 수밖에 없다.
다시 취직을 했다. 우선은 안정적이라며 주위에선 박수를 보냈다. 하지만 순간적인 격려일 것이다. '그 나이에 어디 한 번 겪어봐라, 다시 한 번 당해보라지…'라는 소리로 들려왔다. 조임 없이 생활하던 일상에 구속의 벨트가 다시 채워졌다.
도둑이 제 발에 저리는 격인가. 먹는 것마다 옳게 소화가 되지 않았다. 부족한 몸놀림으로 인해 흡사 유년 시절 귀를 막았던 정미소 기계의 피대 돌아가는 소리처럼 자꾸 삐걱거린다. 소화기관에 채 씹히지 않은 육류만 가득 차서 연동운동을 하지 않아 그대로 옆

구리에 뱃살로 올라붙어 버린 것과 같다. 이러다 숨쉬기조차 버거운 게 아닐까.

"몸에 몇 십 킬로그램 쇳덩이를 안고 다닌다고 생각해 보세요."

의사의 얼굴이 다시 다가온다. 밀쳐 둔 거울을 보는 일이 점점 잦아졌다.

심리전이 벌어지다

"어, 그 색은 아닌데요. 삼척동자에게 물어봐도 그건 어울리지 않는다고 할 걸요."

처음엔 들어주는 듯했다. 몇 번 그러더니 숫제 태무심이다. 내가 사용자가 아니기 때문에 고집을 피울 수는 없다. 그깟 경력 조금 있었다고 일일이 입을 댈 수는 없다. 자칫하면 내 이야기에 관심조차 두지 않을 수도 있었다.

예전 운영자로 있었을 때 쓴소리를 한 사람이 선명하게 떠올랐다. '분명히 그건 아닌데요.' 단호한 그 말에 놀랐다. 허기진 배만 채우려 했다면 그는 분명 그렇게 말하지 않았으리라. 전체 회식 때였다. 잘 부르지도 못 하는 노래를 억지로 '앙코르'라며 다가왔던 이의 얼굴은 지금 전혀 기억이 나지 않는다. '예스맨'은 발전의 걸림돌일 뿐이라고 호기 있게 이야기했다.

나의 경력은 이 분야에서 이십여 년의 베테랑이다. 새로운 경영자는 이제 갓 외국생활을 하고 돌아 온 노총각이다. 우리는 그렇게 만났다. 경력과 패기와의 만남, 합리성과의 만남, 시작 전부터 주위에선 둘이 합하면 분명 성공할 것이라고 많은 기대를 하였다.
　이제부터 고도의 심리 전쟁이 펼쳐질 것이다. 애초부터 가족분위기의 경영체제로 바꿀 것이라고 제시한 것은 젊은 경영자의 방침이었다. 먼저 밀어붙이기식 운영을 잠재워야 했다. 어느 정도만 가담을 하라. 고집을 조금은 꺾어야 한다. 이건 어디까지나 뒷짐만 지고 서서 남의 집 불구경 하는 식의 운영은 분명 아니다. 운영자가 살아야 나도 살아남기 때문이다.
　만성 적자운영의 사업체를 인수했다. '제로섬 게임'에 도달하기 위한 주사위는 던져졌다. 운영자가 처음 경력자를 선택할 땐 상대의 축적했던 노하우를 이용하려는 계산이 깔려있다. 하지만 그것을 아무렇게나 내놓지는 않는다. 어떻게 쌓은 돌탑인데, 한두 번 흔들리는 바람기에 모두 벗을 수는 없기 때문이다.
　그건 차치하고라도 무경험자들이야 면전에다 대고 입김을 불어줘도 알아듣지 못한다. 그러다보면 보이지 않는 사이에 제멋대로 고집스레 가버린다. 후회하면 경비가 더 드는 수밖에 없다. 초보자들이야 여태껏 자기가 구상해 왔던 온갖 물빛 구상들이 우선일 것이다. 그래서 빨리 도화지에 그리고 싶은 아이들 마음처럼 되는 것이다.
　하지만 내 주장은 중간부분을 거두절미 하는 것이었다. 생산자와 직거래하듯 중간상인의 불필요한 과정을 없애면 그만큼 경비와 헛수고를 들 수 있다는 것이었다. 마지막 남은 힘을 쏟으리라 시작한

직장이었다. 그러니 남들보다 더 열심히 간섭해야 할 일이었다. 나중에 감당 못 할 책임감 정도는 이미 머리 밖으로 돌려놓은 지 한참 되었다. 그러니 남들 눈치 보지 말고 열심히 간섭할 일이었다.

송충이는 솔잎을 먹어야 한다

왜 오랜 경험을 두고 다른 곳에서 헤매고 다니는지 모르겠다. 그건 분명 자기를 학대하는 것과 같다. 자기가 겪고 있는 고통 속에서 다른 일들이 주홍빛 유혹으로 보일 수도 있다. 아무리 지난 일들에 되돌아 볼 기분이 아니지만 처음 생각은 분명 그게 아니었잖은가.

'난 이 일을 위해 세상에 태어난 거야'라며 합리화 시켰던 지난 일들을 까마득하게 잊고 지내다 다시 처음으로 돌아가야 하니 당연히 무리가 따랐다. 설사 그게 좋은 방법이 될진 몰라도 이젠 엄연히 젊은 혈기가 사라진 상황이다. 그렇다고 꿈을 버리란 말은 아니야. 나이가 듦에 꿈까지 버린다면 그건 너무 서글픈 일이다. 현실적으로 따져본다.

지금은 50대이잖은가. 밥을 먹다가 자신도 모르는 사이에 밥알이 흘러내리고 국물도 입 밖으로 흐른다. 손에 들고 있는 물건을 가끔 떨어뜨리는 경우도 있다. 그걸 가족들은 예사로 바라보진 않을 것이다. 말은 않고 있지만 그런 행동변화에 되돌아 앉아 우려를 하고 있는 건 엄연한 사실이다.

이렇듯 둔한 신체의 변화에 언제까지 '나는 아니야! 아직 예전과 똑같아'라고 외쳐본들 누구 하나 거들떠보지 않는다는 말이야. 그러니 이젠 그만 뜬구름 잡기 식 발상은 그만 해야지. 송충이는 솔잎을 먹어야지. 그러니 당신이 제일 잘 했던 그 일의 주변을 휘돌아봐. 거긴 분명 길이 있을 거야.

더 이상 남 탓, 내 탓하며 허송세월을 보내지 말고 가까운 곳부터 찾아봐야 했다.

꿈, 그 양면성

흔히 젊은 나이에 현실을 등졌다가 도시로 되돌아오는 경우를 종종 보게 된다. 준비가 덜 되어서일까. 물론 충분한 여유를 가지고 떠났다면 적응하기 쉬웠을 일이다. 하지만 그 기준 또한 모호할 뿐이다.

그들 중에 빙산의 일각처럼 자리매김을 잘 한 이들을 종종 보게 된다. 누구나 팍팍한 현실을 떠나고 싶어 한다. 그렇지만 어쩌랴. 감당할 수 없는 허기증으로 배가 고파오는 것을….

이 시점에서 딱 한 가지 짚고 넘어가야 할 일이 있다. 너무 자식들에게 올인 하지는 말 일이다. 종종 느끼고 보게 되는 일이 있다.

'이 아비는 너희들을 위해 작가의 길을 포기했다.'

이건 분명 어리석은 일이다. 한낮엔 비록 자신을 감추고 있다가 어스름한 저녁이나 계절이 바뀌는 초입에 서서 허방에 빠진 듯한 마음으로 외줄타기를 하는 자신을 상상해 보라. 그건 언어도단일 뿐이다.

　비록 내가 부모에게서 경제적인 도움을 받아 일어섰다 할지라도 그걸 그대로 자식에게 물려줘야 한다는 생각은 버려라. 그렇게 애면글면 하다보면 아이들은 십중팔구 조금이라도 힘이 들 때가 되면 다시 손을 내밀 것이다. 힘이 빠진 아버지에게 빈손을 내민다면 분명 과거에 아이들에게 집착한 것에 후회를 하게 될 것이다.

　내겐 아이들에게 물려줄 만큼 경제적인 여유가 많지 않다. 잘 나가던 사업체를 운영하다 어느 날 갑자기 시골 변두리로 나앉을 때 아이들은 바뀐 환경에 적응하기도 전에 아버지를 먼저 원망했다. 그건 이미 타성에 젖어 있던 아이들의 안일함 때문이었다. 부모니까 모든 것을 다 해결해 준다는 그 관념은 아이들을 충분히 분노케 만들었던 것이다. 똑바로 자라는 나무가 옆으로 휘어져야 하니 거기에 따른 불만은 이만저만이 아니었다. 차라리 떡잎부터 그 상황을 알았다면 자기의 환경을 미리 인식했을 것이다. 어느 교육자에게 누군가 질문했다.

　"당신은 부잣집아이를 가르칠 것입니까, 가난한 집 아이를 가르칠 것입니까?"

　"부잣집 아이요."

　"그 이유는 무엇인가요?"

　"가난한 집 아이들은 그 가난을 극복할 힘이 있지만 부잣집 아이들은 그럴 힘이 부족하니 그 부족분을 가르쳐야 합니다."

아이들에게 물론 미안한 마음은 감출 수 없다. 그렇지만 아이들을 위해 아비의 꿈마저 버린다는 것은 분명 한 번 더 생각할 일이다. 이젠 그 애달파하는 마음이 없어도 제 혼자 할 수 있다. 자기가 할 수 있는 일, 해야 할 일이 결정되면 과감하게 다시 시작하는 것이 좋을 듯싶다.

현재 적응하고 있는 곳에 더 깊이 뿌리를 내려라. 그 상황을 완전히 내 것인 양 착각하지 말고 타협을 하며 회의를 진행하라. 현실은 절대 네 마음처럼 가만 두지 않을 것이다. 지나친 도덕주의자는 필요로 하지 않는다는 걸 그대도 잘 알고 있잖은가. 혼자 있을 때는 흡사 계획표라도 쓰듯 계속 구시렁거린다.

"오랫동안 나는 나 자신과 함께 살지 못하였다"라고 프랑스와즈 사강은 말하였다. 여태껏 육신과 정신은 떨어져 다른 꿈을 꾸어오고 있었다. 허방만 짚다 만신창이가 된 꿈을 수도 없이 꾸어왔다. 화들짝 놀라 돌아왔을 때는 악어가 입을 벌리고 기다리고 있었다.

디지털시대다. 느림의 미학을 간직하고 있는 그대여, 조금만 더 속도를 붙여라. 당신의 배고픔이 더 깊어지기 전에 돌아와 쌍두마차를 타야 할 일이다. 현재진행형으로 살아야 한다.

물 한 모금 다시 입 안에서 굴리다 넘긴다. 감로수다. 오랜 체증이 내려가며 자리에서 벌떡 일어나 두 팔을 힘껏 뻗어본다. 아직도 내 안은 텅 비어있다. 그곳을 채우기 위해 오늘도 꿈을 꾼다. 마음은 아직 가당찮은 30대다.

만(鰻)과 만(饅)

"오늘은 무얼 먹을까?" 점심때만 되면 먹는 타령이다. 어떤 이는 출근과 동시에 점심메뉴 걱정부터 한다. 입에 맞는 음식이 없어서인가. 음식점에 대한 불신감에선가.

이웃에 있는 장어 식당은 오늘도 북적댄다. 보신탕과 삼계탕처럼 복(伏) 중에 먹는 음식이라 그런가. 동료들에게 굳이 복잡한 곳에 갈 필요가 있느냐며 조용한 곳으로 가자고 하였다. 몇 번 들러봤지만 그다지 특별한 맛을 못 느끼고 있던 터였다. 가까운 일본에서도 장어를 여름철 음식으로 손을 꼽는다며 굳이 고집하는 이들도 있었다.

오늘은 장어집으로 가기로 했다. 예상했던 대로 빈자리가 없다. 음식점 안을 휘둘러본다. 여자 손님과 노인들까지 연령의 구분이 없다. 기름기가 많은 음식이라 여성들에겐 별로 인기가 없을 것 같지만 문전성시다. 자리가 나길 기다리며 바쁜 주인에게 비결을 물었다.

 그가 식당 유리창에 붙어있는 글자를 가리켰다. 더듬거리며 읽어보지만 모르는 글자다. 매일 식당 앞을 오가면서도 어찌 그 글자를 보지 못했을까 싶었다. 당연히 그 자리에 있어서일까. 아마도 드러내기를 싫어해선지도 모를 일이다. 현대인의 심리와 흡사하다고 여겨졌다. 대부분의 사람들은 미로 찾기나 숨은 그림 찾기, 퍼즐 등 작고 호기심어린 것에만 심취해 있다. 그래 크게 드러내놓은 것에는 신비로움이 적은가 보다. 나 역시 늘 지나다니면서도 그런 글자엔 무심했는지도 모른다.
 만(鰻)이라. 장어를 뜻하는 어휘다. 그 풀이가 가관이다.
 "가로되, 이 고기를 먹으면 네 번을 하고도 또 할 수 있다."
 "……."
 빙글거리는 주인의 얼굴을 흘낏 쳐다보았다. 이 무슨 황당무계한 해석인가. 그럼 저기 있는 손님들이 그것 때문에 모두들 와 있단 말인가. 그 끈끈한 풀이말에 어쩐지 은밀한 생각이라도 하다 들킨 듯 얼굴이 확 달아오른다.
 얼마나 무미건조했으면 저러나 싶다. 그래선가. 가끔씩 웃음을 지어보려 하지만 이 또한 만만찮다. 마치 억지웃음을 강요하는 코미디처럼 유치하다. 정서가 자꾸 메말라가다 보니 일단은 의심부터 하게 되어서일까. 주인은 그런 팍팍한 사람들의 말초신경을 자극했을지도 모를 일이다. 그래 내 혼자만 모르고 있었나 싶었다. 남들은 모두 아는 일인데 새삼스럽다고 하였다. 그들은 새로운 정보 하나를 가지고 있는 듯 득의양양했다. 장어집 어디를 가도 입구에 그 글자가 자리를 잡고 있다고 했다.

    실제로 장어는 스태미나에 좋다고 주인은 덧붙였다. 깊은 바다에서 부화된 뱀장어는 하천이나 호수에 올라와서 살다가 산란기가 되면 몇 날 며칠 먹지 않고 축적한 영양분을 지니고 산란장인 깊은 바다로 들어간다는 것이다. 이 시기가 장어에 영양분이 가장 풍부한때라고 했다.

    연전에 친구들과 횟집에 간 적이 있었다.

    "오늘 끝내주는 것을 먹어 본다, 기대하시라."

    친구가 가리킨 것은 어릴 적 도랑에서 간혹 볼 수 있었던 민물 뱀장어였다. 뱀처럼 생겨 잡기에도 여간 힘이 들지 않던 놈이었다. 그땐 그렇게 귀한 것인 줄을 몰랐다. 어렵게 잡아 갔을 때 어른들이 좋아했던 기억이 어렴풋하다.

    어릴 적 기억으로 다시 보니, 새카만 것이 볼품이라곤 찾을 수가 없었다. 얼마나 휘젓고 다녔으면, 참숯처럼 윤기가 났을까. 사람으로 따지자면 부모 말을 어지간히도 듣지 않는 개구쟁이 같았다. 길이는 50센티미터쯤이나 될까. 아궁이에 불을 때고 나서 기명물에 불씨를 없앤 부지깽이 모양이었다. 게다가 살이 단단하여 칼이 잘 들어가지도 않았다. 칼 잡은 이는 연신 엄지손가락으로 최고의 표시를 냈다. 모두들 바라보며 침을 흘리는 모습이라니….

맛은 생감자를 씹는 듯 아렸다. 질기고 조금 역한 맛도 감돌았다. 나는 평소 낯선 음식만 먹으면 탈이 잘 나는지라, 채근하는 친구에게 미루고 겨우 한 점을 입에 넣었다. 그런데 식당을 나오며 눈이 휘둥그레졌다. 그 뱀장어 한 마리의 가격이 다른 회 값 모두를 합한 것보다도 비싸서였다. 귀한 것을 먹었으니 돈을 아깝게 생각지 말라는 친구에게 더 이상 책망은 할 수 없었다.

장어와 비슷한 글씨에 만두 만(饅)이 있다. 장어집 주인의 해석대로라면 '네 번을 먹고도 또 먹고 싶은 음식'이란 말이렷다. 가로 왈(曰)과 넉 사(四). 또 우(又)를 조합하여 아름다울 만(曼)이 되어 거기다 먹을 식(食)을 더하니 어찌 '아름답게 먹는 것, 먹으면 아름다워지는 음식'이 아니랴.

만두는 누구나 즐기는 대중음식이다. 어린아이들부터 노인들까지 여러 가지로 조리하여 먹을 수 있으니 '아름다운 음식'이라 부르기엔 별 무리가 없는 것 같다. 억지로 조합한 장어와는 다른 이미지이다. 그런데 만두집 가게 앞에다 만두 만(饅)자를 붙여 놓은 것을 볼 수가 없다. 평범함을 거부하는 현대인의 심리작용인가.

장어 만(鰻)이나 만두 만(饅)의 해석이 한자를 생성하는 육서 중에 회의(會意)에 해당이나 될까. 어찌 보면 억지조합에 상업성을 띠기 위해 만든 조어라고 비난을 받지 않을까 싶다. 아마도 '대박 신드롬'에 빠져 있는 이들의 조어법은 자꾸 만들어질 것이리라. 그건 그렇고, 실제로 하루 한 끼 이상을 집 밖에서 해결해야 하는 이들에겐 이 조합이 적중했을 것이다.

  만(鰻)과 만(饅)을 다시 생각해 본다. 진정 네 번을 먹고도 또 먹고 싶은 음식을 먹고, 네 번을 만나도 또 만나고 싶은 그런 아름다운 사람이 그리운 때다.

관 계

1.

 그날도 오늘처럼 눈이 내렸다. 퇴근길에 소주를 마시고 그녀가 있는 '노래하는 집'으로 갔다. 사무실에서 쓴소리를 들은 날이면 예외 없이 들르는 곳이다. 그녀가 있는 카페에선 술을 마시며 노래를 부를 수 있다. 테이블마다 돌아가며 노래신청을 하면 서너 곡, 많게는 대여섯 곡도 할 수 있다. 그럴라치면 그녀는 으레 곁에 바싹 다가와서 코맹맹이 소리를 낸다. 하지만 그 집에 갈 때마다 기본차림만 시켰다.
 마음만은 술과 안주를 더 시키고 팁을 주며 호기도 부리고 싶었다. 그렇지만 가난한 월부책장사의 주머니는 늘 가벼웠다. 여주인도 그런 사정을 알고 닦달을 하지 않았다. 손님이 없을 때는 주인도 노래 팬이 되어 주었다. 유일하게 인정해 주는 집, 그 집의 식구들은 모두 천사 같다고 생각했다.
　그날도 소주 몇 잔에 기분이 좋아 카페를 찾았다. 밖엔 눈까지 내려 마음까지 싱숭생숭해서 노래라도 몇 곡 부르고 싶었다. 그런데 웬일인가. 손님은 없고 홀은 텅 비어 있었다. 주인도 어딜 갔는지 보이지 않고, 그녀만이 홀로 한 쪽 구석에 앉아 졸고 있었다. 다가가 깨웠다. 그런데 조는 게 아니라 흐느끼고 있었다. 초저녁인데 단체손님이라도 왔다 갔는가. 아님 짓궂은 손님이 그녀의 마음을 긁어놨는가. 무슨 일이냐고 되물었지만 대답 대신 연신 어깨까지 들먹거렸다. 조금 있으니 주인이 다가와 오늘이 그녀의 딸아이 생일이라고 했다. 그래 낮부터 술을 마시고 눈길에 어딜 그리 다녔는지 지치고 옷이 다 젖어 출근했단다. 그러면서 딸이 너무 보고 싶다고 저렇게 울고 있다고 했다. 아이섀도는 이미 눈물과 하나가 되어 범벅이 되어있었다. 남편과의 사이에 딸 하나를 두었는데 이혼을 하면서 혼자만 나왔단다. 그런 그녀 앞에 나는 사회생활 이야기나부랭이를 지껄이며 상관 욕이나 하면서 사치스런 이야기를 여태껏 늘어놓지 않았던가. 그런데도 싫은 기색 하나 없이 자기 일처럼 맞장구까지 쳐 주곤 했던 그녀였다.

2.
　그녀는 바다에 한 번 데려다 줄 수 없느냐고 했다. 순간 당황하지 않을 수가 없었다. 이 밤에 바다가 있는 곳까지는 적어도 서너 시간이 걸릴 것이다. 얼떨결에 듣는 소리에 당황할 수밖에 없었다.

그녀가 누구인가. 하루 종일 발이 부르트도록 뛰어다니며 고래고래 고함을 치듯 책을 팔러 다녔지만 실적이 없이 축 처진 어깨로 소주 몇 잔에 불콰해진 얼굴로 들어왔을 때, 위로까지 하며 힘을 북돋워주던 여인이 아닌가. 일부러 술을 홀짝홀짝 마시며 맥주의 알싸한 향이 다 빠져 나가도록 마시지 않았던 이였다. 그렇다고 다른 감정으로 서로를 대한 적은 한 번도 없었다. 그저 이웃처럼 지내온 그녀에게 주위에서 갖는 편견 정도는 따질 필요가 없었다. 주인 역시 그런 내 마음을 믿어주려는 듯 좋은 시간을 한 번 가져보라고 한 쪽 눈을 찡끗 감아주었다. 그녀가 다른 아가씨들과는 다르다고 귀띔을 해 주는 듯했다.

혼자서 찾아가는 겨울바다 이야기를 자주 했다. 술이 거나해지기라도 하면 신새벽 완행열차를 탔다. 덜컹거리며 세 시간을 달려가 일출을 보는 그 바닷가 이야기, 한 번 갔다 오면 그동안 쌓였던 응어리들이 풀려 한동안 생각이 나지 않는다고 했던 그 술 취한 바다 이야기를 할 때면 열망의 눈으로 바라보던 그녀가 아니었던가. 게다가 눈이라도 내리는 날이면 차창에 비치는 설경이 눈이 시릴 정도로 아픔으로 다가온다는 이야기. 눈 속에 누워서 두 주인공이 사랑을 속삭이던 '러브스토리'며 닥터 지바고의 사랑 이야기, 그런 소설 속 이야기를 하면 어느새 곁에 바짝 다가와 언제 자기도 그런 기차를 한 번 타 봤으면 좋겠다던 소녀 같이 맞장구를 쳐주던 그녀였다. 그날 밤은 그런 조건이 잘 갖춰진 날이었다. 그렇지만 갑자기 그런 신청을 받고 보니 여태껏 그녀 앞에 너스레를 떨었던 것에 책임을 져야겠다는 생각이 슬며시 들었다.

둘은 밖으로 나왔다. 그때까지 술에 취해 울던 그녀의 얼굴은 어디 가고 금세 얼굴이 환해졌다. 눈은 이제 온 도시를 흰색 페인트로 칠갑이라도 하듯 덮고 있었다. 지나다니는 자동차들은 거북이걸음이었다. 낯선 여자와 심연으로의 여행, 분명 무언가에 홀린 듯한 기분이었다.

기차가 떠날 시간은 아직도 한 시간 정도 남아있었다. 역사 옆 포장마차로 들어가 소주를 주문했다. 생일을 축하한다며 건배도 하였다. 덜 익은 장어가 물컹거리며 목으로 넘어갔다. 흡사 고기가 살던 깊은 바다 속으로 빠져드는 기분이었다. 그녀는 바다를 보러 가려면 그만큼 술을 마셔야 한다고 했다. 그 모습을 보니 불현듯 그녀를 감당하지 못하면 안 된다는 생각이 들었다.

하지만 그건 기우였다. 그녀에겐 취한 기색이 전혀 보이지 않았다. 오히려 술 몇 잔에 우왕좌왕하는 나를 두고 질책이라도 하듯 눈을 크게 뜨고 바라보며 자신의 모습에 실망하지 않았느냐며 되레 물었다. 그녀는 상처를 달래려고 많은 날을 술로 달랬다고 했다. 그러면서 자기가 살아온 이야기를 늘어놓기 시작했다. 여인의 이야기는 한 편의 드라마처럼 들려왔다. 얼른 보기엔 아가씨 같다가도 가만히 살펴보니 사십대 초반의 여인으로 다가왔다. 젊은 나이에 인생의 모진 고초를 겪은 그녀를 보니 동정보다는 인생의 달관자 같아 보였다. 살아 온 이야기를 글로 한 번 표현해 보라고 권했다. 그녀는 겸연쩍게 웃으면서 사실은 일기처럼 써 오고 있다고 했다. 언젠가 엄마를 이해해 줄 나이가 되었을 때 딸에게 보여 줄 것이라는 이야기도 덧붙였다.

3.

  기차를 탔다. 창밖에 비치는 은색의 향연은 그저 바라보기가 아까울 지경이었다. 그녀는 아이처럼 발을 동동거리다가 어서 밖을 보라며 호들갑을 떨기도 하였다. 주객이 전도된 느낌이었다. 그녀는 자기가 제일 좋아하는 시라며 외고 있었다.

      눈 내려 어두워서 길을 잃었네
      갈 길은 멀고 길을 잃었네
      눈사람도 없는 겨울밤 이 거리를
      찾아오는 사람 없이 노래 부르니
      눈 맞으며 세상 밖을 돌아가는 사람뿐
      등에 업은 아기의 울음소리를 달래며
      갈 길은 먼데 함박눈은 내리는데
      사랑할 수 없는 것을 사랑하기 위하여
      용서받을 수 없는 것을 용서하기 위하여
      눈사람을 기다리며 노랠 부르네
      세상 모든 기다림의 노랠 부르네
      ……
                        - 정호승,「맹인부부가수」

여태껏 바라 본 그녀의 모습과는 완연히 다른 모습이었다. 서로는 시에 대해 문학에 대해 얕은 이야기를 나누었다. 그러기를 수십 분, 나는 눈을 떴다 감기를 반복하며 몽롱한 상태에서 덜컹거리는 기차와 보조를 맞추고 그녀는 계속 무언가를 읊조리고 있었다. 이윽고 그녀의 목소리가 잠잠해졌다. 잠이 들어있었다. 진보라색 좌석 색과 그녀의 흰 얼굴이 묘한 대조를 이루고 있었다. 곤하게 잠든 모습, 천사의 모습 그대로였다. 그런 그녀의 얼굴에 술과 어린 딸과 슬픈 시는 도저히 겹쳐지지 않았다. 불현듯 오래된 연인처럼 그녀의 헝클어진 머리칼을 쓸어주고 얼굴을 한 번 만져보고 싶은 충동이 일었다. 하지만 눈을 크게 뜨고 바라보니 그녀는 엄연히 타인이었다. 난 자신의 힘든 현실상황을 해소할 수 있는 방법을 찾으려 했고, 그녀는 아픈 상처를 조금이라도 치유하기 위해 나와 동행한 것뿐이었다. 단지 상대적인 만남일 뿐이었다.

  지난날 가슴에 뭉친 응어리를 풀어내지 못 해 혼자 기차를 타고 새벽바다를 자주 찾았다. 그때 분명히 두리번거리며 내 마음을 알아주는 그 누군가와 동행했으면 얼마나 좋을까 하고 생각했다. 하지만 그건 어디까지나 나만의 열망일 뿐이었다. 내 곁에 한 여인이 있었다. 혼자이던 공허가 충만으로 다가와 있었던 것이었다. 하지만 여인은 가슴속에 내가 가지고 있는 것보다 수백, 수천 배의 고통을 안고 있었다. 이 여행은 친한 친구와 바다 구경을 한 번 가는 것으로 생각하면 되고 더 이상의 의미부여는 할 필요가 없다는 생각이 들었다. 둘 사이에 연관되는 그 무엇도 없었다. 잠든 그녀의 모습은 천사의 모습 그대로였다. 단지 세월의 더께에 눌려 눈가에 잔주름이 잡힌 것뿐이었다. 남아있는 그녀의 길 앞에 더 넓은 바다만 있길 바랄 뿐이었다. 그녀의 시에 화답이라도 하듯 조용히 읊조렸다.

> 카타리나행 기차는 8시에 떠나가네
> 11월은 내게 영원히 기억 속에 남으리
> 내 기억 속에 남으리
> 카타리나행 기차는 영원히 내게 남으리
>
> 함께 나눈 시간들은 밀물처럼 멀어지고
> 어제는 밤이 되어도 당신은 오지 못하리
> 당신은 오지 못하리
> 비밀을 품은 당신은 영원히 오지 못하리
>
> 기차는 멀리 떠나고 당신 역에 홀로 남았네
> 가슴 속에 이 아픔을 남긴 채 앉아만 있네
> 남긴 채 앉아만 있네
> 가슴 속에 이 아픔을 남긴 채 앉아만 있네

그리스 가곡 '기차는 8시에 떠나네'였다. 터키의 지배를 받고 2차대전 때 독일의 침략을 받은 그리스의 저항시로 기차를 타고 떠난 돌아오지 않는 연인을 기다리며 부른 노래였다.

어쩌면 그녀와 나는 삶에 대해 어떤 저항을 가지고 있었는지도 모른다. 거기서 공통분모를 발견하여 바다로 가는 새벽기차를 같이 탄 것이었다. 동행하면서도 서로 다른 고통 속에 고민하고 있는 이방인. 이 여행이 끝나고 나면 그저 드러나는 아픔을 속으로만 꾹꾹 눌러 놓고 이중적인 생활을 다시 하더라도 더욱 밝은 모습으로 내일을 만나길 바랄 뿐이었다.

바다에 도착하자 그녀는 오히려 덤덤했다. 파도를 향해 고함을 지르고 백사장에 털썩 주저앉아 오열이라도 할 줄 알았다. 하지만 주머니에 손을 넣고 저만치 혼자서 걷고 있었다. 그녀는 살아오며 숱하게 흘렸던 눈물들이 이젠 메말랐다고 했다. 한 사람을 만나 사랑했던 일이 결국 파국으로 이어지고 그 징표로 남았던 아이와도 헤어진 후 찾았던 과거의 바다, 원망과 가슴 속에 남아있던 한 톨의 서러움까지 퍼부었던 그날의 바다를 생각하다 오늘의 바다는 자기에게 오히려 위로를 해 주고 있다고 했다. 나 또한 성급하게만 살아온 날들을 되돌아보는 계기가 되었다. 겨울바다는 그렇게 잔잔하게 다가왔다.

바다는 무생물이었다. 겨울바람처럼 날선 칼날이다가 때론 흐느적거리며 봄바람으로 다가왔다. 사랑하는 이를 만났을 때는 수평선이 한 없이 넓게 보이다가도 미움으로 그 앞에 다가섰을 때는 단지 발치에 차여 흩어지는 모래알일 뿐이었다. 숱한 기복 앞에 중립의 위치에 서서 처연하게만 대처해주는 하나의 현상일 뿐이었다. 그

인고의 달관자 앞에 나약한 생명체들은 울다 웃으며 카멜레온처럼 감정을 다스릴 뿐이었다.
  돌아오는 길엔 쓰린 속과 햇살 때문에 눈을 똑바로 뜰 수가 없었다. 한 시간여 만에 도착하는 직행버스를 타고 우린 혼돈의 도시로 다시 되돌아왔다. 아련했던 지난 서너 시간들과 아침의 한 시간이 묘한 대조를 이루었다. 과정의 간절함 뒤에 결과의 허무함이 교차되어 우린 서로를 바라보며 웃고 있었다. 지난밤 두 사람 앞에 펼쳐졌던 관계가 '우리'라고 부를 만큼 순수해 있었다. 그렇게 그날 밤의 일은 백지화 되었다. 그토록 내리던 눈도 그쳤다.

4.

  한 달쯤 지났을까. 실적을 높이기 위해 나는 분주하게 돌아다녔다. 그럭저럭 시간도 흘러 말단에서 한 단계 승진을 하게 된 날, 예외 없이 소주를 마시고 노래하는 카페에 찾아갔다. 그런데 그녀는 보이지 않고 다른 아가씨가 바짝 다가왔다. 나는 빙그레 웃었다. 여주인도 따라 웃었다. 그러면서 그녀의 이야기를 해 주었다. 그날 무슨 일이 있었느냐고 내게 먼저 물어왔다. 사실대로 이야기했더니 고개를 끄덕이며 그 다음날부터 그녀는 나오지 않았다고 했다.
  오늘도 눈은 오는데 아주 오래된 추억처럼 그녀의 목소리가 들려오는 듯하다. 그녀가 언젠가 사겠다는 술 한 잔을 생각나게 하는 겨울밤이 자꾸 어둠 속으로 질주하고 있다.

하루에도 수만 가지 일들이 서로가 관계를 지었다가 사라진다. 상황에 따라 그 상념들을 떠올릴 때는 웃음과 눈물이 파노라마 되어 시계의 초침처럼 빠르게 흘러간다. 눈 내리던 어느 날, 카페에서 만난 한 여인과 기차를 타고 겨울바다로 간 서로 무관할 듯한 이야기 하나가 오늘 내리는 눈 속에 섞여 뭉텅뭉텅 땅으로 떨어지고 있다.

못

 누워있을 때는 그저 하나의 물상일 뿐이다. 상대를 만나기에 따라 물렁물렁하기도 하고 단단하기도 하다. 일어서서 당당하게 자신의 존재를 알릴 때만 못은 의미가 있다.
 콘크리트 벽에 도전한다. 몇 번이나 튕겨져 나간다. 한 번 달아난 놈은 구석에 숨어버린다. 애먼 머리만 탓할 순 없다. 눈에라도 맞을까 자꾸 깜빡거린다. 입을 앙 다물고 내리지르지만 마지막 부분에 가선 약해진다. 모질지 않으면 허사다. 살아가며 위협만 준 적이 어디 한두 번인가.
 '그래 네가 낸 상처만큼 깊이가 있어. 조금씩 그렇게 들어가는 거야.'
 위로를 하지만 서너 개의 몸뚱이가 굽어지고 부러진 후에야 겨우 위치를 잡는다. 일단 자기의 자리를 잡으면 반항심이 차츰 누그러진다. 그렇게 못 하나는 빈 공간 위에 자리매김을 한다. 다시 뽑으려 해도 그땐 이미 늦다.

 자기 영역의 한 부분을 내주었을 때 벽은 비로소 신음소리를 낸다. 얼음이 꽁꽁 언 저수지에 돌을 던졌을 때 들리는 소리 같다. 못의 환희, 비로소 집채만 한 무게에도 끄떡하지 않는 견고함을 지닌다.

 사무실 왼쪽 벽에 붙어있던 시계가 스르르 떨어진 적이 있었다.

 벽의 헐거움은 일시에 불편함을 가져다주었다. 다시 걸기 위해 여러 곳에다 구멍을 뚫었다. 약하기만 한 석고보드는 온통 부스러기투성이었다. 물기까지 스며들어 있다. 엄지손가락으로 밀어도 쑥 들어가는 곳에 못은 애초부터 상대를 잘못 골랐나 보다.

 스펀지 같은 벽에 딱딱한 금속 하나가 매달려 지탱한다는 것은 애초에 무리였다. 그건 강력접착제로 붙여야할 부분에 비닐테이프로 눈가림하는 것이나 다름없었다. 부실공사의 후유증은 생각보다 일찍 찾아오고 오랫동안 지속된다. 왼쪽 벽은 헐거운 구멍만 몇 개 뚫려있을 뿐 늘 비어있다. 지나가는 자동차의 경음기 소리에도 덜덜 떨며 놀란다. 임시로 구분 되어진 칸막이에서 억지로 저쪽 세계를 인정하라는 알량한 마음이다. 그래서인가. 그곳은 일년 넘게 비어있다. 건드리면 곧 무너질 벽의 함성, 마음에 들지 않으면 언제든 허물어버릴 그런 벽이 내 가슴속에도 늘 들어앉아 있다.

 얼마 전 그 사무실에 '왕창 세일 백화점'이 한 달 동안 들어 온

적이 있었다. 나의 모든 작업은 정지되어 버렸다. 못 구멍 사이로 라디오 소리, 전화소리, 굵은 사내의 소리까지 왁자하게 기어들어 왔다. 내 일상의 모든 것을 일시에 마비시켜 버렸다. 흐물흐물한 못구멍 때문이었다.

  거기에 반해 오른쪽 벽엔 잡다한 장치물들이 주렁주렁 많이 걸려 있다. 시멘트로 둘러싸인 견고한 건물의 본체였다. '천원의 행복'에서 샀던 조화, 억지로 만들어진 웃음이 든 여배우의 액자들까지 너저분하게 걸려있다. 어렵게 들어간 못 하나에 가히 몸무게에 버금갈 것들이 걸려있다. 그래도 못은 얼굴 표정 하나 찌푸리지 않았다.

  하루에도 몇 번씩 양쪽 벽 사이에서 살아나가는 꿈을 꾼다. 늘 왼쪽의 그림자들을 먼저 생각한다. 약하게 흔들거리기라도 하면 발걸음은 한 발짝도 옮길 수 없다. 상대가 마음을 알아차리면 단내를 맡고 사방에서 해충들이 몰려올 것 같다. 식인물고기 피라니아의 이빨엔 한 번도 박은 흔적이 없는 못을 거꾸로 심어놓았다. 하천을 지나는 소나 양에게 벌 떼처럼 몰려들어 뼈만 남기고 먹어 치운다. 그래서 늘 강한 척한다.

  아이들을 키우며 우선 강함부터 키워야 했다. '네 이웃을 믿지 마라' 아이들에게 최초로 가르쳐 주어야 할 말이다. 아이들은 콘크리트에 못을 박는 것처럼 망치질을 할 때마다 눈을 깜빡인다. 마땅히 벽은 못에게 굴복해야하는 줄로만 알고 있다. '피리 부는 사나이'를 따라가듯 호기심에 가득 찬 아이들은 자꾸만 꿈속을 헤매고 있다. '아이야, 저 너머엔 네가 힘들게 하지 않아도 될 자유로운 세상이 있단다.' 피리소리는 끝없이 아이에게 유혹이 되어 다가왔다.

　차라리 비어있는 왼쪽 벽에 살아 움직일 듯한 그림판으로 바꾸어 보고 싶다. 거기엔 못 그림을 적어도 대여섯 군데는 그려야겠다. 그 목걸이에다 내 마음의 외투라도 매일 걸어둘 일이다. 물렁물렁한 못이라도 좋으리라.

　수 백 년 동안 못질을 하지 않은 도편수는 이미 수많은 못을 가슴 속에 박고 설계도를 읽는다고 한다. 요즘 들어 못 치는 소리 하루도 그칠 날이 없다.

떴다, 출서방

 얼마 전 지인의 모친이 돌아가셨다는 말을 듣고 병원 영안실에 들른 적이 있었다. 선대부인의 생전 안부를 묻는 말에 그는 머뭇거리며 말을 꺼냈다.
 모친은 재래시장 모퉁이에서 식료품 가게를 하며 삼 남매를 키웠다. 자식들이 클 때는 그래도 장사가 잘 되어 그럭저럭 생활을 하였다. 그런데 시대의 추세인가. 이웃에 대형할인점이 들어오고 수요가 달리자 재래시장은 불경기로 치닫고 있었다. 수년을 단골로 하던 이들도 하루아침에 등을 돌렸다. 현실을 탓할 일이지 어찌 사람들을 욕할 수 있겠는가. 아직 출가하지 못한 막내가 있고, 자식들 또한 변변찮은 살림살이들이라 늘 걱정이었다.
 그런데 이를 어이하랴. 모친께서 덜컥 병이 들었던 것이다. 그도 말기 암이었다니 어째 손을 써 볼 수가 없었다. 평소 몸이 조금 이상하다 싶을 때는 진통제와 사발째 마시는 커피로 넘어갔었다. 그런데 하루는 하도 이상해서 병원을 들렀단다. 별일 아니겠지 했던 게 이미 병이 깊었던 것이다. 의사의 진단이 내리자 모친의 몸은 눈에 띄게 야위어갔다. 인연이 닿는 곳으론 모두 손을 써 보았지만, 역시 가는 곳마다 묵묵부답, 다른 방법이 없다는 것이었다.

 더 기가 찬 것은 아버지의 행태였다. 얼마나 한량이었으면 일을 않고 요런 조런 핑계를 대며 돌아다니기를 손오공 뺨칠 정도였단다. 이를 두고 예로부터 '동네 구장한다'고 하였던가. 온 시장을 돌아다니며 간섭을 하기에만 바빠 정작 자기 가게엔 눈 하나 돌리지 않았다. 잠시라도 엉덩이를 붙이지 않는다고 별명을 '출서방!'이라고 불렀으랴. 아내가 병들었는데도 행세는 예전보다 더한지라 모두들 혀를 내둘렀다.

 명절에 처가에라도 가면 그야말로 그의 세상이었다.
 "출서방 떴다!" 하면 술꾼들은 줄을 이었다. 애먼 동네 닭들이 도살되기 일쑤였다. 명절이면 집으로 돌아갈 생각을 않고 몇 날 며칠을 죽치고 동네잔치를 벌였다. 그런 행세를 보면서도 모친은 팔자가 그러려니 하며 휴일도 없이 문을 열었다. 그렇게라도 모친의 삶이 계속 이어졌더라면 얼마나 좋았을까.

 장사도 장사지만 몸이 안 좋아 더 이상 일을 할 수 없어 가게를 처분하고 모친은 집에 들어앉게 되었다. 문제는 출서방이었다. 이제라도 정신을 차리고 집을 건사하고 아내의 영면을 지키고 있어야 할 일인데, 거기다 한술 더 뜨는 것이 아닌가. 칠순 가까운 노인이 어디서 젊은 과수댁을 사귀었는지 환자간호는 고사하고 하루걸러 집을 비우더니, 숫제 일주일에 한 번 꼴로 나타나는 것이었다. 자식들 또한 모두가 옆에 앉아 간호할 처지가 못 되는지라 아버지에게 맡긴 게 잘못이었다. 급기야 더 볼 수가 없어 아들이 소리쳤다.

"아버지 자꾸 그러시면 집에 들어오지 마세요."

"오냐, 이놈아 이젠 자식이 아비를 내치네. 그래, 그러면 이 집 팔아 반을 내게 다오." 그러더니 출서방 어디에 미혹되었는지 모친과 이혼까지 하겠다는 것이었다. 이를 어쩌랴, 시한부환자에게 이혼이라니 여태껏 아버지라 부른 것이 한없이 부끄럽다고 모두들 혀를 내둘렀다.

자식들은 홧김에 어머니가 돌아가시면 그렇게 하겠노라고 계약서를 쓰고 '집 반경 백 미터 이내 출입금지'를 시켰다. 그 아버지가 비록 짓궂은 아이처럼 굴긴 하였지만 어떻게 이럴 수가 있을까 싶어 자식들은 머리를 흔들었다. 그야말로 '내 아버지 맞아!' 식이었다.

가정폭력의 수준이 도를 넘고 있다. 이즈음엔 이혼사유에도 충분한 조건이 된다. 그렇지 않아도 가족집단의 붕괴가 급증하는 마당에 그대로 두고만 볼 수가 없음인가. 관계당국에선 특단의 조치들을 취하고 있다. 하지만 전통적 윤리가 내적으로 깔린 이들은 '참아야지, 남들 보기에도 그렇고 자식들 때문에라도…'라며 벙어리 냉가슴 앓듯 자신만 희생하고 있다. 이러한 일들이 비단 젊은이들에게만 있겠는가. 황혼의 노인에게 있었으니 주위에선 손가락질이 그칠 날이 없었다. 그런 기미를 보였으면 다시 집으로 돌아와야 할 출서방님은 개선의 기미가 전혀 보이지 않았다.

어찌 출서방이 거기에서 그쳤겠는가. 결국 중환자의 화를 고조시킨 사건이 벌어졌다. 하루는 바스락거리는 소리에 모친이 눈과 귀를 모으고 있으니, 아무도 없는 걸 눈치를 챈 출서방이 냉장고에서 갖은 양념과 김치를 꺼내 비닐봉지에 넣고 있었다. 살금살금 움직이는 품이 흡사 도둑고양이 같았다. 바리바리 싸서 젊은 년 가져다주려는 꼴이 한 편으론 밉기가 천장을 찌를 것 같았다. 그 행색을 보니 남루하기 그지없어, 나 죽고 젊은 년에게 버림받을 걸 생각하니 하염없이 눈물만 흘러내렸다.

그때 출서방의 휴대전화가 울렸다. 돌아서서 목소리를 낮추었지만 들릴 건 다 들렸다.

"자기, 조금만 더 기다려. 한 달, 아니 보름만 기다리면 되겠어. 이놈의 할망구 명이 어지간히 길어야지…" 거의 애원조였다.

누워있던 모친은 마지막 남은 힘을 모아 다듬이방망이로 뒤통수라도 내리치고 싶은 심정이었다.

"아이고 동네사람들아, 저 도둑놈 좀 잡아주소. 하늘은 뭘 하는지 몰라, 저 영감 좀 잡아가지 않고."

출서방은 비닐봉지에 든 내용물을 철철 흘리며 달아나고 있었다. 그 모습이 얼마나 처량해 보였던지 모친은 그렇게 서럽게 울었단다.

"아이고 내 팔자야, 평생 동안 일을 하다 병까지 얻어 죽을 날만 기다리고 있는데 웬수 같은 저 영감은 어디 가서 인간 대접도 못 받고 저 꼴이 다 뭐꼬?"

그 일이 있고 모친은 얼마 지나지 않아 하늘나라로 가셨다. 억울하고 분해서 어찌 눈을 감았는지 몰라.

이거야 원 웃어야 할지, 울어야 할지….

3. 눈

- 새 벽
- 모노드라마
- 잉꼬 살리기
- 숨은 그림 찾기
- 종이꽃
- 눈
- 화사(花蛇)
- 질 주
- 구도를 위한 삽화
- 시위를 떠나는 화살처럼

새 벽

아직도 혼자만의 영광이다. 독백뿐인 시나리오, 그 대본을 들고 밤새 연기를 했다. 알 수 없는 표정, 호랑이처럼 온갖 것을 하나로 뭉뚱그려 포효한다. 갑옷 입은 장수가 되어 길게 웃음 한 번 날린다.
코골이로 온 방이 들썩거렸다. 가재도구들도 움찔거리더니 피신을 해 버렸다. 참 이상했다. 이런 소요사태 속에서도 본인은 전혀 눈치 채지 못 했다는 사실. 증언은 물증이 되지 않았다.
아내의 머리카락이 날이 선 채 잠들어 있다. 소화 덜 된 위장의 허리 결림이 신트림으로 지쳐있다.
안개꽃 속에 갇힌 붉은 장미, 겉옷이 벗길락 말락 위태롭게 매달려있다. 물을 보충해도 이미 늦은 듯하다. 읽다만 책들의 쪽수가 헐렁하게 늘어져만 간다.
'문득 저 홀로 안개의 빈 구멍 속에 갇혀 있음을 느끼고…' 기형도 시인의 얼굴은 희미하다. 딜레마에 빠질 때마다 혼탁한 시간과 배경을 잊으려고 슬쩍 손을 뻗어 만지고 싶지만 무중력, 아무것도 잡히지 않는다.
계획은 순간이다. 실천은 이미 노출된 뒤의 허무함 뿐. 더 이상 감출 것이 없자 발가벗겨진 꿈 이야기를 해몽하며 혼자 부끄러워하기 시작한다. 이젠 옷을 입고 병목처럼 생긴 일상으로 들어갈 준비를 해야 한다. 한 무리의 어둠 조각들이 흩어지고 몇 남지 않은 불빛들도 덩달아 그 속에 흡수된다.
비로소 내용물들이 짤순이처럼 돌기 시작한다. 아직 움직일 때가 아닌데도 요정 같은 먼지벌레들이 총총 실낱같은 불빛에 날아다닌다.
비틀거리며 일어나 축구공처럼 부푼 방광을 새벽을 향해 힘껏 쏘아 올린다. 갓 맑은 켯속으로 의식의 강이 천천히 흐르기 시작한다.
혼미한 축제는 이제 끝이 났다. 안개 걷힌 새벽은 한낮의 소스라침처럼 지상의 평평함 속으로 돌아가야 한다. 지난 계획들은 이젠 버리고, 그리운 이들은 달력의 끝으로 밀어 놓고 숫자 세기를 다시 시작한다.
하나, 둘 …, 열, 열하나…, 스물 넷.

모노드라마

 난 당신이 생각하는 만큼 신심(信心)이 그리 두텁지 않아요. 내 어머니완 완전히 다르답니다. 그러니 내게 강요하지 마세요. 지금 나는 현실과 종교 사이에 서서 깊은 갈등을 하며 고민할 여건이 아니랍니다. 그러니 인생이니, 종교니, 삶에 대해 이래라저래라 강요하지 말아요. 냉정히 뒤돌아보고 참회하며 현실과 보조를 맞추기 위해 철저한 계산을 해야할 때입니다. 적어도 내겐 당신이 말하는 비과학적인 논리는 통하지 않아요. 그건 흡사 종교인이 무속인을 믿지 못하는 것과 같아요. 멀쩡한 사람에게 영가가 눈에 어른거린다고 하니 그걸 어찌 믿겠어요.
 지금 당신이 하는 말이 그런 상황이거든요. 일방적으로 강요하지 마세요. 그저 의향만 물어보세요. 비교하지도 말고요. 어차피 당신이 이끄는 대로 따른 이도 의도대로 된 사람은 하나도 없잖아요.

뭐라고요. 그건 그 사람의 운명이라고요. 그럼 더욱 내게 당신의 종교를 강요해선 안 되죠.

　당신의 어머니는 어땠나요. 결국 그 영험의 혜택도 받지 못하고 발가락이 썩어 들어가는 당뇨합병증에 치매증상까지 겹쳐 인생을 마감하셨잖아요. 처음엔 주위에 있는 모든 사람들을 규합하여 끌어들였지요. 아무것도 모르는 내 어머니도 그중 한 사람이었지요. 그 무렵 어머니는 심한 갈등을 겪고 있었어요. 늙은 남편과 기울어진 가계, 보따리를 싸고 풀고를 몇 번이나 반복하던 때였어요. 물에 빠진 이가 지푸라기라도 잡을 심정이었을 때 당신은 어머니에게 접근했어요.

　어머니는 누군가에게 실낱같은 위안이라도 받고자 발을 들여놓았다가 종시엔 온통 생활의 전부가 되어버렸어요. 마음이 멍든 사람에게 감언이설로 다가가면 누가 미혹하지 않겠어요. 나는 그게 늘 불만이었습니다.

　현실의 삶보다 종교를 더 생각하다보니 온통 남을 위한 삶만을 고집하게 되었어요. 그 무렵 당신은 박수를 쳤겠지요. 나 또한 그 당시 어머니의 강요에 못 이겨 그곳에 참여하게 되었지요. 어머니의 말을 쫓는 것이 도덕적이라 생각되었기 때문이었죠. 그러다 난 이상한 생각이 들어 더 이상 나가지 않았어요. 아니, 내게 맞지 않았다는 게 더 나을 성싶네요. 그렇지만 어머니는 그런 나를 두고 진실에서 멀어지는 아이라고 자꾸 강요했답니다. 어머니는 그렇게 차츰 물들여져 가고 있었어요. 당신께선 무조건 한 우물을 파는 것만이 능사라고 믿었기 때문이었습니다. 지금 당신이 내게 말하듯이 말입니다.

  시외버스 정류장엘 지나가다보면, 이상한 장면을 자주 목격하게 됩니다. 대학생으로 보이는 젊은이들이 종교에 인도한다는 명목으로 지나가는 어린 학생들의 손을 끄는 모습을 종종 봅니다. 멋도 모르고 따라갔다 낭패를 당하는 경우, 집으로 돌아올 수 없는 먼 곳으로 갔다는 이야기도 들었습니다. 지금 내겐 당신의 행위가 그렇게 밖에 들리지 않아요. 당신의 눈빛이 먹이를 앞에 두고 침을 흘리는 하이에나 정도로 밖에 보이지 않습니다. 원하지도 않는 일을 단지 주변인이기에 끌어들이는 말, 그 자체는 언어도단입니다.

  종교는 자유이고 선택입니다. 당신이 지천명을 넘게 살아온 내게 그렇게 강요한다고 해서 호락호락 따르리란 생각은 절대 하지 말아요. 언제부터 당신은 그렇게 변했는가요. 내 눈에는 늘 청순한 모습으로 다가와 정의로운 말만 내놓던 열혈 선생님으로 기억하고 있는데 말입니다.

  젊은 시절 당신은 내게 젖은 데를 밟지 말라고 늘 말했죠. 그러다 어느 종교단체에 들어가더니 흡사 영업이라도 하듯 주변사람들을 끌어들였죠. 그러다 말겠지 하던 일들이 점점 심각하게 다가왔을 때, 당신은 이미 본연의 모습이 분명 바뀌어져 있었어요. 예전의 이미지들은 어디를 봐도 찾아 볼 수 없었답니다.

세상 일이 어디 마음먹은 대로 호락호락하던가요. 어느 날 당신에게 얼굴도 알지 못하는 먼 조상이 꿈에 찾아와 자기 영혼을 달래주지 않는다고, 길을 인도해 달라고 한다고 했죠. 믿음이 강한 사람이 그 영가의 출현이 그리 대수인가요. 그건 내가 생각하기론 당신이 마음이 허해서 생기는 일이든지 가만히 있는 조상을 자꾸 건드려 자기 합리화 시키려는 일로 밖에 보이지 않는답니다.

　조상이 잘 되면 후손들이 잘 되는 건 물론 이치상으로 맞는 말이겠죠. 하지만 어디에 있다, 어떤 구천을 맴돌다 당신의 꿈속에 나타나서 나를 구원해 달라고 한다고, 그 일을 혼자서 못하니 나더러 같이 해야 한다고 하니 그게 말이나 되는 소리인가요. 더군다나 기억에도 없는 먼 조상을 들먹이고 있으니, 난 처음 당신의 말을 듣고 식사를 하다 밥상에 숟가락을 탁 놓으며 당치도 않는 소리라고 고함을 질렀답니다. 종교는 인정과는 다르다는 것을 오늘 분명하게 말씀드릴게요.

　그렇게 믿음을 강요하던 당신의 어머니는 말년에 그렇게 고생을 하다가 개종(改宗)을 했잖아요. 가까이 있는 사람도 아우르지 못 하면서 다른 이를 끌어들인다는 생각은 어린아이들이 봐도 웃을 일 아닌가요.

　우리 어머니는 어땠나요. 매사에 남을 위해 희생만 하다 보니 후회해도 소용이 없었어요. 생전엔 어머니란 꽃에 당신들이 벌과 나비가 되어 꿀만 빼앗아 먹고 날아가 버렸잖아요. 그래서 임종 시에는 당신들의 미봉책에 두 손을 들고 홀로 날아 가셨잖아요.

　그 뒤 그곳에선 어머니의 삶은 종교에 귀의한 게 약하다며 알량한 입놀림으로 심오한 삶을 폄하했잖아요. 그때 당신은 어땠나요. 묵묵부답으로 뒷짐만 지고 있었잖아요. 거기서 나는 당신의 모습을 보고 다시 한 번 확신했지요.

　이건 분명 아니라고요. 어머니는 줄 위에서 꼭두각시놀음만 하고 뒤에서 조종한 이들의 손아귀에서 팽이처럼 돌기만 한 것뿐이었어요.

　내 생각이 너무 일방적이라고 생각이 드나요. 아니에요. 나는 당신의 그 지나친 친절에 오히려 사랑하는 어머니를 빼앗겼다는 생각밖에 없다니까요. 어떻게 내가 그걸 이해할 수 있겠어요. 그런 내게 당신은 어느 날 한 통의 메시지를 보냈어요. '너의 잘못된 생각이 네 이웃과 너를 구원할 수 없는 심연으로 빠뜨릴 수 있다.'

　천만의 말씀이지요. 그건 단지 당신 혼자만의 생각일 뿐이에요. 지금 나는 혼자 몰입하기에도 벅차답니다. 일방적인 당신의 공세는 이미 오래전 설득 방법의 하나일 뿐이에요.

　한 번 더 생각해 보세요. 생각 없이 보낸 당신의 메일 한 통이 상대의 정수리에 박힌 과거와 현재를 송두리째 뽑아 분노를 자아내게는 하지 않았는지를···.

잉꼬 살리기

 푸드득거리며 요란한 소리가 났다. 화들짝 놀라 새장을 바라보니 어느새 도둑고양이는 잉꼬를 잽싸게 낚아채 담을 넘고 있었다. 어른의 키만한 높이에 매달려있는 새 우리를 공격하려니 어찌 상상이나 하였으랴. 눈 깜박할 사이였다. 속수무책이란 이런 때에나 쓰는 말이던가. 고양이의 본능적 행위라고 하기엔 너무나 치밀했다.
 가정에서 애완용으로 키우는 새들 중 잉꼬가 단연 인기가 있다. 예쁘기도 하지만 말도 그리 많지 않고 이들이 사랑하는 모습은 보기만 해도 정겹다. 그런데 이런 잉꼬에게 수난의 시대가 찾아온 것이다.
 새장을 실내에만 둘 수 없어서 바람도 쐴 겸 밖에 걸어 두었던 게 화근이었다. 몇 번 그런 일이 있었지만 설마 그 높이를 어찌하랴 싶었다. 그런데, 그 고양이란 놈이 의자를 이용해 살금살금 와서는 이단엽차기식으로 새장을 먼저 떨어뜨리고 날카로운 발톱으로 문을 연 것이었다. '고양이 앞에 생선'을 내보인 격이었다.

내가 살고 있는 동네에는 대낮에도 도둑고양이들이 떼를 지어 몰려다닌다. 한가한 시간 잠시라도 창밖을 내다보면 그야말로 난장이다. 사람들과 눈을 마주쳐도 도망은커녕 눈싸움이라도 해 보자는 식이다. 자기보다 몇 갑절 큰 내 몸이 놈의 눈 속에 들어가 굴러가고 있을 때는 오싹 소름이 끼치기까지 한다. 그는 움직이는 물상 중, 자기보다 작은 것은 누구를 막론하고 공격하는 못된 습성을 갖고 있다. 어찌 약육강식의 동물들 세계에만 그러하랴.

잉꼬를 공격하는 것이 도둑고양이뿐은 아니다. 일용으로 먹고 있는 음식에도 눈에 보이지 않는 독이 숨어 있다. 그것도 모르고 잉꼬는 먹이를 주는 주인을 채근한다. 조금만 늦게 주면 예쁜 겉모습과는 달리 난리를 피운다. 체면 따윈 소용도 없다는 듯 목소리를 높이기까지 한다. 차츰 국내산 먹을거리가 사라져 가고 있는 상황에 새 먹이라고 다를 리 없다. 방부제에 농약까지 첨가하는 경우가 태반이다. 잉꼬는 언제나 위험천만일 수밖에 없다.

새장 문을 열어 주려고도 생각했다. 하지만 그건 더욱 위험한 발상이라고 이웃 사람들은 목소리를 높였다. 무리 지어 날아다니는 잉꼬를 아직 본 적이 없다는 것이었다. 설사 다닌다 해도 불한당들이 해코지를 할 것이 뻔한 일이라는 것이었다.

우리 밖이 모두 함정인데 어찌 날려 보낼 수 있단 말인가. 그래서인지. 언제부턴가 잉꼬는 날개가 있어도 나는 일을 포기하고야 말았다. 어쩌면 영원히 날지 못할 수도 있다. 그러니 새장 안에 있을 때가 오히려 존재의 가치를 더 느끼게 한다.

한 번은 이런 일도 있었다. 잉꼬가 짚 침대를 엮은 나일론 줄에 목이 걸려 빠져나오지를 못하고 볼멘소리를 내고 있었다. 발버둥이 칠수록 더욱 줄은 목을 조였다. 조금만 더 두면 숫제 숨도 못 쉴 지경이었다. 이를 지켜보고 있던 짝은 안달이 나서 쇠창살을 마구 쪼아댔다. 긴급구조를 요청하고 있었다.

'그렇게 괴로운 걸 그런 행동은 왜 했어. 어차피 화려했던 너의 시대는 끝난 거야. 현실에 순응할 수밖에 없다니까. 너의 외침이 어디까지 들린다고 이러는 거야.' 평소엔 예쁜 털 하나 얻으려 해도 허락 않더니 족히 대여섯 개는 빠진 듯했다. 손을 넣어 끊어주자니 그래도 자존심은 있어서 손등을 필사적으로 쪼아댔다.

'이대로 내 버려 둬, 어차피 대접 못 받을 걸 구차하게 살기는 싫단 말야.' 끝까지 굽히지 않을 태세였다. 기다리자니 상황은 너무 급박했다. 긴 가위를 가져와 어렵사리 목에 걸린 끈을 잘라 주었다. 그랬더니 짝이 다가와 털과 털 사이에 박힌 느슨해진 실을 일일이 풀어 주고 있었다. 새는 물 한 모금 마시곤 길게 한숨을 토해 냈다.

그런 잉꼬가 요즘 들어 어지간히 말을 듣지 않는다. 새장 앞에 가서 좌, 우로 손가락을 이동하면 꼭 반대로 행동한다. 일단 의심을 한다. '한두 번 속느냐'는 식이다. 거부하는 몸짓이 옆 걸음의 달인인 게 보다 더 민첩하다. 몇 번 그렇게 하다 싫증나면 숫제 돌아서 버리기까지 한다. 아침에 만나면 언제나 귀부인 타입으로 인사를 하던 예의 그 모습은 어디에서도 찾아볼 수가 없다. 구부러진 입술로 저항까지 한다. 구부러졌기 망정이지 곧았다면 아마도 수도 없이 부러졌을 것이다. 조금 전에 자기를 구해준 것쯤은 염두에 두지도 않는다. '그대로 그냥 두지 왜 다시 이런 고통을 주느냐'는 식이다.

 선거가 끝났다. 젊은이들은 남의 집 불구경을 하였고 지식인들은 공휴일여행을 갔다 돌아왔다. 관심 없는 이들은 애초부터 눈길 한 번 주지 않았다. 이긴 자는 자기들의 잔치에 도취되어 북도 치고 장구도 치며 세상을 다 얻은 듯 환희작약 하였다. 발등에 붙은 불이 꺼진 것이다.

 상처받은 새도 다시 일상으로 돌아왔다. 이젠 다시 그들을 '사랑의 새, 긍정의 새'로 되돌려야 한다. 새 중에서 금실지락이 좋기로 소문난 잉꼬가 맘껏 노래할 수 있게 도둑고양이도 몰아내고 좋은 먹이를 줘야겠다. 바라보는 이가 없는데 잉꼬가 무슨 의미가 있겠는가.

 눈만 뜨면 자기 욕심만 채우는 인면수심(人面獸心)의 파렴치한들이 자취를 감추고 우리를 나온 잉꼬가 창공을 맘껏 날아다닐 날이 빨리 왔으면 좋겠다.

숨은 그림 찾기

 그들의 공통점은 맨발에다 검은 안경을 썼다. 실없이 웃다가 우는 시늉도 했다. 관객인 체하였지만 어딘가 무대 밖의 사람들과는 사뭇 달라 보였다. 어눌한 말이며 어색한 의상 그리고 우스꽝스런 화장이 그랬다. 아이들에게 먼저 접근하더니 차츰 인파 속으로 들어갔다.
 푸른 셔츠를 입은 진행요원들도 그들이 누구인지 모르는 듯했다. 웬일로 그들은 사진 찍기를 거부했다. 행색과 행동이 눈에 띄어 카메라를 갖다 대면 연신 몸을 움츠리며 가위표를 해댔다. 온몸에 검불과 긁힌 상처투성이였다. 나의 시선은 이미 무대에서 떠나 그들에게 초점이 맞춰져 있었다. 줌을 당겼다가 밀었다가 시야에서 벗어나지 못하게 울타리를 쳐두었다.
 어느 누구도 관심을 두지 않았다. 그랬다. 모두가 공연자였기 때문이었다. '전국 민족극 한마당'이 열리고 있는 성주성밖 숲은 온통 하나가 되어 있었다.

그들은 누구라도 툭툭 치고 옷이라도 잡을라치면 괴성을 질렀다. 폭탄벌레를 건드리면 폭발음을 내며 튀어 오르는 것처럼 뭔가 불안해하고 보이지 않는 눈을 의식하고 있는 듯했다.

어쩌면 그들은 관객의 시선을 모으려고 꾸민 행사요원인지도 모른다. 그렇다면 분명 실감나는 홍보요원일 게다. 그들은 관객 속에 든 배우였다. 그들의 무대는 무한하여, 아무런 제약도 받지 않는 대사는 늘 새로운 것을 탄생시키는 듯했다. 그래서 그들의 행위가 더욱 깊게 내 눈에 들어왔다.

퍼포먼스를 처음 대했을 때 내 심기는 그리 편안하지 않았다. 한 행위예술가가 오색 끈을 목에다 칭칭 감고 머리카락은 반은 깎고 반은 그냥 둔 채 머리엔 늙은 호박 하나를 얹고 한참동안을 눈을 감고 있었다. 도대체 무엇이란 말인가. 주위에서 박수가 나왔다. 덩달아 호응했다. 그뿐이었다. 어느 누구도 거기에 대해 해설을 덧붙이지 않았다. 그런데 이상하였다. 나는 어느 날부터 거기에 묘한 매력을 느끼고 있는 중이었다.

'밥'공연이 시작되었다. 그들의 행동은 갑자기 빨라졌다. 비닐에 쌓인 주먹밥을 미친 듯이 먹어댔다. 따뜻한 밥을 나도 주는 대로 따라 먹었다. 가만히 앉아있어도 땀은 줄줄 흘러내렸다. 중몰이에서 자진모리로 급기야 휘몰이 장단으로 바뀌었을 때 그들은 미치기 시작했다. 몇 번이나 무대에 뛰어들려다가 진행요원에게 저지당하였다.

"그래, 저건 분명 시각적인 효과야."
나의 결론은 그들이 그쯤에서 가면을 벗기를 바랐다.
"그냥 내버려둬. 누굴 위한 공연인데…."
술 취한 노인이 맞장구를 쳤다. 여기저기서 엇갈리는 함성들이 쏟아졌다.
제지를 당하자 그들과 노인은 무대 언저리에서 어우러졌다. 모두들 주공연보다 그들 쪽으로 눈이 모아졌다. 내기윷놀이를 하다 싸움질을 하던 패거리들까지 모여들었다. 한차례 땀을 흘리더니 그들은 내 앞으로 지나갔다. 움찔하며 좁혀 앉았다. 땀 냄새가 확 코를 찔렀다.
음악은 힙합 곡으로 바뀌었다. 그들은 더 이상 주변에 있지 않고 주무대로 뛰어들었다. 이번엔 누구도 말리지 않았다. 그들은 광분하기 시작했다. 도시의 근로자가 되었다가 청소부 역할도 했다. 가진 자, 권력자, 앞선 자들을 향해 음악은 계속 공격하기 시작했다. 앞자리에 앉은 나도 어딘가에 끌리듯 일어났다.
어느새 나도 관객이 아니었다. 엉덩이 눅진하게 앉아 움직이기 싫어하던 남자, 기껏 남들이 차려 놓은 밥상 앞에 앉은 탐식자, 체면과 관념에 굳어버린 기성세대, 목이 쉬도록 노래를 부르고 박수를 치며 한껏 몸을 흔들었다. 흘러나오는 노래 제목은 '180도'였다. 수도 없이 돌았다. 원래대로 돌다가 또 반대편에 서 있기도 했다. 매미의 소리가 대칭으로 들렸다. 언뜻언뜻 그들과 옷깃이 스쳤다. 그대로 그 분위기에 묻혀버리고 싶었다.

그랬다. 숨어있는 내 안의 그림 하나를 찾고 싶었다. 이글거리는 불덩이 속에서 알량한 아집 하나 끄집어내고 싶었다. 내리쬐는 조명등은 태양처럼 이글거렸다. 거기서 미친 듯이 뛰어다니며 나 자신을 찾아 다녔지만 허사였다. 그건 현실을 부정하는 탈출을 위한 몸부림일 뿐이었다. 결국 음악은 멈춰지고 막은 내려졌다.

정신병동에서 환자 세 명이 이탈했다는 지방 뉴스가 나온 건 그 다음날이었다. 공연 사흘째 되는 날, 나는 낮 동안의 일정을 마치고 서둘러 공연장으로 나서려는 참이었다.

"긴급뉴스를 말씀드리겠습니다. 어제 정신병동에서 이십대 여자 환자 세 명이 탈출하였습니다. 인상착의는 맨발에 검은 옷을 입고 있었다고 합니다. 목격자들에 의하면 그들과 같이 사십대 후반의 남자도 한 명 있었다고 합니다."

나는 한동안 외출을 하지 않았다. 부글부글 끓어오르는 한여름의 열정을 혼자서 삭이며 맞추지 못한 퍼즐 한 조각을 찾으려던 나의 숨은 그림 찾기는 결국 미수로 그치고 말았다.

종이꽃

"선생님, 국군아저씨들에게 꽃 갖다 주는 게 힘들어요."

 고사리 같은 손으로 만든 흰 꽃이 혹시나 구겨질까 조심스럽게 계단을 오르며 아이들이 하는 말이다. 현충일이 가까워지면 어린이집 아이들은 충혼탑을 참배한다. 감수성이 예민한 아이들에게 현장학습을 통해 스스로 깨닫게 하는 일은 의미가 있다. 묵념을 한다. 분향대에 모락모락 피어오르는 연기가 선열들의 그림자가 되어 아이들을 보듬어 안고 머리를 쓸어 주는 것 같다. 돌아 나오니 도시의 전경이 눈 아래 펼쳐진다. 충혼탑은 "아이야, 이 도시가 모두 너희들의 것이란다. 부디 크게 자라서 온 세계로 기상을 펼쳐다오."라고 말하는 듯하다.

 할머니는 유월만 되면 먼 하늘을 바라보며 한숨을 쉬시곤 하셨다. 어렸을 때 현충일이 되면 할머니를 따라 전쟁미망인들과 그 가족들이 제사를 지내러 가는 곳을 따라 가곤 했다. 막내삼촌이 전장에서 돌아가신 지 수십 년이 지났는데도 할머니는 눈물을 흘리셨다. 나는 친구들에게 우리 할머니는 좋은 일을 해서 나라에서 돈을 받는다고 자랑하고 다녔다. 그것이 막내삼촌의 연금인 줄을 나중에야 알고 나서 입을 다물었다. 할머니는 하얀 가재손수건에 그 돈을 꼭꼭 사서 언제나 지니고 다니셨다. 간혹 내게 용돈을 몰래 주시는 것을 제외하고는 절대 손수건 지갑을 풀지 않으셨다. 돌아가시던 날 유품을 정리하다가 생각보다 많은 액수에 모두들 놀라지 않을 수 없었다. 할머니는 그 돈을 왜 쓰지 않으셨을까?

  이듬해 우리 집에는 이상한 결혼식이 있었다. 얼굴도 알 수 없는 신랑 신부가 혼례를 치르는 영혼결혼식이었다. 할머니가 생전에 남자로 태어나 한때를 못 보고 간 막내삼촌 결혼을 꼭 시키라는 유언으로 치러진 행사였다. 이 신기한 모습을 보려고 이웃에서도 많은 구경꾼들이 몰려왔다. 어린 나는 신기한 것이 아니라 무서웠다. 울긋불긋한 얇은 종이꽃들이 바람에 휘날리는 모습이 흡사 귀신이 바로 앞에 온 것 같은 생각에 더욱 무서웠다. 나중에는 손을 비는 어른들을 따라 멋모르게 한참 동안을 울었다.

  우리 집 초가 기둥엔 문패가 나란히 두 개가 달려 있었다. 문패 옆에 '충렬의 집'이란 원호대상 가족들에게 주어진 것이 하나 더 있었던 것이다. 내겐 삼촌이 두 분이 계셨는데 모두 6·25 전쟁에 참전하셨다.

막내삼촌은 전쟁이 나자 만류하는 가족들을 뒤로하고 자원입대 하셨다. 농사만을 짓던 이가 농구를 던지고 부산의 어느 초등학교에서 고작 삼일간의 군사훈련을 받고 일선에 투입되었다. 그때 막내삼촌의 의지가 얼마나 굳었었는지 이후 나는 고모님으로부터 종종 이야기를 듣곤 했다. 학생들도 책가방을 던지고 전선으로 가는데 사지육신 멀쩡한 데 어찌 이대로 있겠느냐며 동네 청년들과 같이 자원입대 하였다는 것이다. 군대 가는 날 동구 밖으로 배웅을 나갈 때도 다른 가족과는 달리 할머니는 굳건하게 막내아들을 보냈다. 일찍이 상부(喪夫)하셔서 오 남매를 키워 오시며 아비 없는 자식소리 듣지 않기 위해 눈에 보이는 곳에선 그렇게 완고하셨다. 차가 동네를 지나 시야에서 멀어졌을 때 그때서야 대성통곡하며 참았던 눈물을 하염없이 흘렸다고 한다.

  낙동강 전선을 시작으로 막내삼촌의 부대는 진격하여 북으로 밀고 올라갔다. 그 후 1·4후퇴 때 남하하다가 평안북도 덕천에서 먼저 군대에 간 큰삼촌과 잠시 만난 적이 있었다고 한다.

  그 후 공교롭게도 큰삼촌은 수류탄 파편을 맞아 후송되었다. 후퇴하며 내려오다 적군의 수류탄이 내리막길을 따라 굴러오는 것을 보고 순간적으로 피했는데 전우 몇 명은 전사하였다고 한다. 큰삼촌은 산산이 흩어지는 그 파편들이 오른발과 허벅지에 박혔지만 다행히 작은 것은 소변에 섞여 나왔다. 큰 것은 오른쪽 대퇴부의 신경을 건드려 평생 다리를 온전하게 사용하지 못하셨다. 채 제거하지 못한 수류탄 파편이 허벅지에 몇 개가 남아있었다. 술만 취하시면 큰삼촌은 다리를 끌면서 "돌격 앞으로."를 외치며 당시의 전우들의 이름을 부르시곤 하셨다. 그리곤 자랑스럽게 우리들에게 그 자국을 보여 주고 만져보게도 하셨다. 딱딱하게 만져지던 파편조각을 지금도 잊을 수가 없다. 하루라도 술 없이는 살 수 없었던 큰삼촌을 가족들은 원망도 많이 하였다. 비만 오면 거의 정신을 잃고 포효하던 모습, 한때 정신병동에 입원까지 할 뻔했던 적도 있었다. 하지만 나는 차츰 자라면서 이해하게 되었다. 그 행동이 큰삼촌만의 잘못이 아니란 것을 …. 누구를 위한 전쟁이었을까?

한 인간의 처절한 몸부림 속에 비쳐지던 이데올로기의 갈등 속에서 희생된 젊은 청춘.

아, 그들이 있었기에 이렇게 누리고 있지 않은가. 하지만 오늘을 살고 있는 우린 어찌 이렇게 안일한가. 단지 한 해 한 번씩 돌아오는 유월이 일회성 행사로만 끝나는 것 같아 그들 앞에 고개를 들 수가 없다. 얼마 전 전쟁을 배경으로 한 영화 한 편이 온 나라를 울린 적이 있었다. 전쟁을 겪은 세대는 말할 것도 없고 오히려 전후세대들이 주관객이었다고 하니 말로만 내세우는 애국심 고취보다 더욱 유익한 일이 아닐 수 없었다.

그 해 가을에 막내삼촌의 전사통지서를 받았다. 피난 갔다 돌아오니 팥은 밭고랑에 터져 널브러져 있었고 목화는 밭고랑에 솜이불을 펴놓은 듯하였다고 한다. 따라가지 못한 뒷집 영동할배는 배를 굻은 견공들의 차지가 되어 버렸다고도 했다. 겨우 남아있는 흔적들을 주섬주섬 모아 가매장해 두었다가 달뱃골 뒷산에 장례를 치르니, 능소화를 귀에 꼽고 영동할매는 너울너울 춤을 추며 할배를 따라간다고 산으로 먼저 나섰다고 한다.

삽짝문을 들어서다 막내삼촌의 전사통지서를 할머니가 받으셨다 한다. 할머니는 채 뜯어보기도 전에 마른 울음부터 우시며, "아이고 우짜꼬, 불쌍한 내 새끼들, 작은 놈은 다리병신, 장가 못간 막내는 종이 한 장 되어 돌아 왔구나." 하시며 그만 혼절하셔서 몇 날을 앓아 누우셨다고 한다.

다가오는 현충일에도 아이들은 며칠을 걸려서 종이꽃을 만들 것이다. 올해는 아이들에게 한 가지 더 부탁을 하련다. 공들여 종이꽃을 만들고 거기다 국군아저씨 그림도 그려서 같이 가져가자고, 나도 아이들 틈에 끼어 얼굴도 모르는 삼촌의 얼굴을 그리고 싶다. 영혼으로 만나신 삼촌과 숙모가 하늘나라에서도 잘 살고 계신지 안부를 묻고 싶다.

종이꽃 한 송이에 묵념을 하면 할머니도 저 하늘 어디쯤에서 "아이고 내 새끼."라며 등을 토닥거릴지도 모를 일이다.

눈

 비눗방울을 손으로 집었다. 터지지 않았다. 이상하다, 셀룰로이드일까? 관객들은 그의 손끝만 바라보고 있었다. 무지갯빛만 영롱하였다. 보자기에 감춰졌던 방울들이 무리를 지어 튀어나왔다. 난센스 퀴즈를 풀듯 미리 계획된 손끝, 내 시선은 그의 눈에 머물렀다. 그의 눈은 결코 고정되어있지 않았다. 손은 관객에게 가 있고 그의 최면 같은 능력은 모두 눈에 모여 있었다. 그걸 모르는 아이들은 자기보다 큰 버블만 따라 다니며 계속 깨금발을 지었다. 눈앞에 보이는 것이 크면 클수록 가려진 것은 숨겨지는 법, 나는 아이들에게 손사래를 치고 싶었다.
 '얘들아, 비밀은 손이 아니라 눈이란다.'
 하지만 누구 하나 내 말을 들으려 할 것 같지 않았다. 주문을 외듯 계속 혼자 되뇌었다.

'그의 비밀은 눈, 손은 단지 동작일 뿐….'

　터널처럼 길게 비눗방울을 그려 그가 머리를 넣으며 관객들의 눈을 유혹하고 손끝에선 계속 박수를 유도하고 있었다. 배경음악은 축축 처지고 손가락은 엿가락처럼 길게 늘어났다. 볼록렌즈 앞에 놓인 가늘고 긴 물체 하나, 간격을 넓히면 넓힐수록 형체는 점점 없어져 가는 현상, 한 번이라도 눈을 깜박이다가 다시 바라보면 진실이 보일 텐데 아이들은 여전히 그의 손만 바라보고 있었다. 아이들에게 눈짓을 다시 보냈지만 눈 하나 까딱이지 않았다. 순간 달려 나가 그의 행위를 일시 중단시키고 싶었다. 작은 방울, 큰 눈, 그는 계속 관객들을 혼란시키고 나는 안경 너머로 눈 한 번 깜빡이지 않고 바라보았다.

　눈치라도 챈 것일까. 잠시 그의 눈이 비틀하는 듯하더니 이내 되돌아갔다. 애초부터 그의 눈 속에 내 눈은 들어가 있지 않았다. 고정된 시선은 그에겐 치명적이었을 것이다. 바라보고 있는 관객의 마음을 집중시키지 못 하면 그날의 공연은 허사다. 변화에 능숙하지 못한 이들을 향한 매직맨의 손동작, 거기에서 헤어 나오지 못하는 일상의 눈. 늘 한 곳만 바라보던 눈, 어느 변화에 몰입하다 좀체 제자리에 돌아오지 못 할 때 흔히 '…빼기다'라고 한다. 어쩜, 일부러 빠져 나오길 거부하는지도 모른다.

　언제부턴가 아내는 내 눈이 보통사람들과 다르다고 했다. 처음 보는 이들은 분명 오해할 것이라고 눈에 힘을 주지 말고 조금 더 부드럽게 하라고 일삼아 말을 해 오던 터였다. 하지만 세상만물이 의미 하나 없이 저절로 이루어지지 않은 것을, 그 본연의 모습을 찾아보려고 한 번 더 본 것이 남들에겐 그리 강하게 보였을까. 부드러움만 있다고 해서 온통 둥글게만 만들어지는 게 아니지 않은가. 달팽이를 보라, 아무리 부드럽지만 그 촉수는 날카로운 칼날에도 베이지 않고 잘도 넘어가지 않는가. 흔해 빠진 눈들은 아무것도 찾을 수가 없다.

 나는 오랫동안 눈동자에 눈물이 고여 있었다. 그 눈물은 드라마를 보다가 또는 내리쬐는 햇빛 한 번 보다가도 방울을 흘렸다. 시도 때도 없이 흘리는 눈물의 서정 앞에 아무것도 할 수 없는 자신을 발견하곤 수술을 하기로 결심했다. 그 후 내 눈물샘은 막혀버렸다. 이젠 메마른 인간이 되어버렸다. 냉혈한처럼 아무리 큰 감동이라도 이내 고개를 돌리곤 했다.

 '아무리 눈이 크면 뭘 해, 눈 구실을 못하는 걸…….'

 혼란에 빠진 눈들은 판타지 세계에 빠져 있다 눈을 크게 뜨면 뜰수록 깊이와 단순한 사고들은 눈에 띠지 않아, 모순의 소용돌이 속에서 허덕이다보면 진실을 호도하는 기생충들이 설치고만 다녀 꼭두각시놀음처럼 자신을 희생해야만 되는 현실. 자아를 찾지 못한 채 영원히 블랙홀에 빠져 자기 안의 영역에서 헤어나지 못 하고 사라지는 현실. 존재의 끝은 어디인가. 눈은 크게 뜨면 뜰수록 깊이와 넓이가 보인다. 그 속에서 오직 살아남는 것, 요행을 찾아 부유하는 일부의 허상들, '이대로만 살지 뭐'라며 따라가는 이들의 눈초리는 순진무구하다 못 해 애처로운 현실.

  그 앞에 눈 하나 초점을 잃고 그저 주억거릴 뿐이다. 넓이가 보인다. 보이는 것과 보이지 않는 것의 두 얼굴 앞에 요리조리 빠져나가는 건조기의 군중, 진실과 괴리되었을 때는 과감하게 그 풍선을 터뜨리고 처음부터 다시 불어야 할 일이다. 눈에 보이는 현실, 매직맨과 관객 내 눈이 뭉뚱그려져 여기저기 박혀 뜬구름처럼 방향을 잃고 있다. 눈에 보이는 세상, 온통 비누거품 세상이다.

화사(花蛇)

 혀를 날름대는 품이 여차하면 달려들 기세다. 머리 모양을 보니 틀림없는 독사다. 치명적인 뱀독이 우선 떠오른다. 그래 사람들은 뱀만 보면 무서움증을 탄다.
 눈싸움을 하며 한동안 씩씩거리더니 독사는 낙엽 속으로 들어가 똬리를 틀고 태연히 자리를 잡는다. 도토리라도 주우러 들어오는 맨손을 기다리고 있는가. 그런데 오늘 아침 바라보는 녀석의 모습이 외로워 보이기까지 하다. 그런 눈을 바라보고 있으니 인조구슬로 만든 것 같아 돌이라도 던지고 싶은 마음이 눈 녹듯 사라진다.
 화사를 찾고 있다. 알록달록한 색이 현상을 살아가는 한 방편에 불과할지라도 그의 실체를 확인하고 싶다. 그는 독이 없을 뿐 아니라, 먼저 와서 해코지하지 않으면 순한 양이다. 하지만 함부로 건들면 그 또한 머리를 바짝 세울 것이다.

화사를 애타게 찾는 이유는, 지난봄 친구들과 산행을 한 일이 있었다. 세상 속 이야기로 낄낄거리기도 하고 때로는 고함을 지르기도 했다. 그러다 그만 풀숲에 있던 뱀을 보지 못하고 밟아 버렸다. 그때 등산화에 밟힌 뱀의 저항, 뒤를 이어 처음으로 듣는 뱀의 소리는 어린아이의 재치기 소리처럼 가늘었다. 하지만 나는 그때 이미 알고 있었다. 아무리 그래도 그의 미력함은 내게 굴복되고야 만다는 것을….

비명을 다시 들은 것은 그날 밤이었다. 마른 나무를 쪼는 딱따구리처럼 연속적이다가 아카시아나무 위에서 울어대는 까마귀의 소리로도 들렸다.

"너는 뭐냐."

가슴 한 쪽을 쪼아대는 그 소리는 내내 꿈속을 돌아 다녔다. 그런 뱀을 지팡이로 걸어 던져 버리기까지 하지 않았던가.

되돌릴 수 없는 만용이여. 그 당시엔 그깟 뱀 한 마리가 죽든 살든 문제가 되지 않았다. 의미 없이 다녀온 산행 뒤에 뒤따른 회한. 그 뱀은 어찌 되었을까. 자꾸 발치로 눈이 갔다. 그 뒤로 내겐 무엇 하나 손에 잡히는 일이 없었다.

실상 별 다른 노력도 없이 행운을 잡기 위해 뜬구름 잡기 식으로 살아왔다. 차분한 계획도 없이 남들을 따라가기만 하는 안일한 삶이었다. 세상일은 저절로 얻어지는 것이라고 만용을 부렸다.

살아가면서 행운과 행복만 주어지는 것은 결코 아니었다. 소유하고 있는 것을 거의 소진하고 새로운 것을 시작할 때, 예전의 소중함들을 새삼 깨닫게 되었다.

지나친 선입견이었나. 닫혀있던 나의 영혼을 일깨우던 그 소리를 듣고 그에게 용서를 빌어야만 했다. 어느덧 화사는 내게 행운의 지표로 자리 매김하고 있었다.

그를 '율모기'라고도 부른다. 그는 화려한 색을 비춰 자기가 있음을 알려 미리 피해가기를 원한다. 관념에서 탈피해야 그의 마음을 알 수 있으려나. 숨어서 기회를 노리는 그런 무리들과는 애당초 다른 종속이다. 그는 언제나 꿈과 희망을 마음속에 간직하고 비상을 꿈꾸는 화려한 성자이다. 시인은 그를 두고 노래했다.

바늘에 꼬여 두를까 보다.
꽃대님보담도 아름다운 빛…
클레오파트라의 피 먹은 양 붉게 타오르는 고운 입술이다….

요즘 그를 두고 '꽃뱀'이라며 폄하하는 이들도 있다. 이상한 눈초리로 아래위를 살피기도 하고 일단 의심부터 하기도 한다. 그를 애타게 찾고 있는 내게도 시선이 고울 리가 만무하다. 스스로 만든 말에 헤어나지 못하는 세태가 안타까울 따름이다.

한 번 보이기 시작하니 뱀들이 눈에 자주 띄었다. 그런데 살벌한 세상에서 살 수 없어 다른 개체로 이주를 해 버렸는지 화사는 보이지 않았다. 일부러 찾으려면 귀하다고 했던가. 왜 이리 애타게 그를 찾으려는가. 단순한 죄책감, 정리되지 않는 삶의 회한 때문일까. 오염된 육신에 비추어 멋을 아는 그의 모습을 닮고 싶어서인가.

온통 그의 생각뿐이었다. 얕게 박힌 대나무 뿌리를 보면 그 꾸불 텅한 모습이 꼭 그와 비슷했다. 들과 산길을 오가며 작게 난 구멍을 자주 쳐다보기도 하고 지렁이가 파놓은 길을 툭툭 쳐보기도 했다. 지나침에 대한 두려움인가. 그렇게 기다리다 갑자기 나타나기라도 하면 어떻게 그를 맞을까. 하고자 한 말을 잊어버릴 것만 같았다.

기다리던 날이 드디어 찾아왔다. 곧 비라도 내릴 것 같은 우중충한 날씨였다. 그곳은 반듯하게 놓인 너럭바위 아래에 생긴 빈 공간이었다. 얼룩덜룩하게 줄무늬가 잡혀있는 게 푸른색만 도는 칡넝쿨과는 완연히 달랐다. 웅크리고 있는 등에서 곧 빛이라도 낼 듯 붉은 기마저 감돌았다. 분명 그였다.

산중에선 하안거가 끝났는데 아직도 면벽정진하고 있는가. 아니면 나의 발걸음을 의식하고 예민한 그가 또 다른 상처를 입기 싫어 숫제 눈을 감고 숨어있는 건 아닐까. 쿵쿵거리며 콧방귀도 뀌고 잔기침도 해 보았지만 묵묵부답이었다. 지난날의 잘못을 사하려고 수많은 날을 찾아다녔다고 이야기하였지만 소용이 없었다.

삭정이 꼬챙이로 툭툭 치며 내가 왔다고 고해 볼까. 이미 지난 일을 돌이켜 무얼 하느냐는 식인가. 타협점을 찾으려고 대안을 찾아보았지만 뾰족한 수가 없었다. 쭈그리고 앉아 그가 돌아보기를 기다렸다.

  혼자 중얼거리고 있는데 지나가는 이가, 딸꾹질이라도 멈추게 할 요량으로 깜짝 놀래며 다가왔다. 대답 대신 흥분한 어조로 손가락을 가리키니 그는 웃고 말았다.

  "소나무 뿌리를 보고 뭘 그러세요."

  그가 들고 있는 등산용 막대기로 찔러 보였다. 움직임이 없었다. 소나무 뿌리가 돌 밑으로 드러나 푸른 이끼가 돋아난 그루터기였다. 그런데 내겐 어찌 화사의 형상으로 다가왔을까. 오늘도 그를 찾는데 실패란 말인가.

  화사, 네가 나타나 칠흑 같은 내 마음을 밝혀 줄 그날이 언제인가. 언제까지나 독뱀에게 물리지 않으려고 우왕좌왕하며 다녀야 한단 말인가. 그 맹독에 빠져 나오지 못하는 이도 있고, 돌아올 수 없는 곳으로 날아가 버린 이도 있다. 나는 그들과 같은 전철을 밟고 싶지 않다. 하루빨리 너를 만나 용서를 빌면 될 일이다. 손을 내밀면 곧 다가올 듯한 너. 화사여, 너는 정녕 어디에 있느냐.

질 주

 희한한 만세운동이었다. 자연발생적으로 일어난 소요, 고요하던 연못에 징거미 떼들이 일시에 솟았다 물속으로 사라지는 모습이랄까, 가창오리 떼들이 온 하늘을 검게 덮다 갑자기 흩어지는 형상이랄까.
 삼월의 첫날 밤, '플래시 몹'의 대상은 폭주족이었다. 그들은 정의 앞에 특공대처럼 용감했다가 권력 앞엔 맥없이 쓰러지는 허수아비였다.
 고운 시선으로 바라보는 이들은 아무도 없었다. 하지만 조상들이 나라를 지키기 위해 비분강개한 것처럼 모여든다고 했다. 기미년 당시의 만세운동도 일시에, 예상치 않게 확 모여들었던 것이다. 더 이상 앞 선 자들을 믿지 못하겠다는 소시민의 반발인가.
 잡을라치면 도망가고 손에 닿을 듯하다 미꾸라지처럼 빠져나갔다. 그들의 행위가 해변에서 '날 잡아봐라.'며 연인들의 유희동작이었다면 얼마나 좋을까. 작은 외침의 이유는 인간성 회복이라는 명제까지 내세웠다.

그 무리 중에 낯익은 얼굴 하나를 발견했다. 직업은 요리사였지만 요즘은 요리를 하지 않는다. 더 이상 음식을 만들 재료가 없기 때문이라고 했다. 사람들은 먹어야 할 것보다 먹지 말아야 할 것들을 사용해서 겉으로는 웃으며 남들에게 음식을 제공하고 있다고, 특히 대기업에서 더 앞장서서 일을 저지르고 있다며 어느 날 울먹이며 식당 도마에 칼을 꽂고 나왔다고 했다.

그들은 먹을거리에서 뿐만 아니라 학교, 사회 어느 부분을 봐도 정의가 살아 있는 곳은 없다고 했다. 들어갈 자리는 어디에도 없고 굳어진 고체덩어리들만 움직이지 않고 버티고 서있을 뿐이라고 했다. 우리들에게 배틀 로얄 게임(서로 죽고 죽이면서 최후의 승자를 가려내는 게임)의 멍에를 짊어지게 만든 게 아니냐고 비분강개하고 있었다.

내 몸 구석구석도 현미경으로 살피듯 관찰해 보았다. 노폐물들로만 차여진 지천명의 육신, 앞서간 전철처럼 오염된 물을 마시며 온몸이 얼룩져 가고 있었다. 고정된 관념의 때들은 더 이상 변화를 거부하고 켜켜이 더께져 있었다. 떨어내야 하는 데 마음뿐이었다.

그들은 그 사실을 고발이라도 하듯 길거리를 다니며 전단지 광고를 붙이듯 알리고 다녔다. 붙이면 떼어내는 무리들과 줄다리기를 하고 있었다. 그러다 울타리에 다시 갇히자 울면서 소리쳤다.

"우린 이제 뭘 믿죠?"

그들은 형식도 없는 몸동작으로 춤을 췄다. 동시다발적으로 클랙슨을 울리며 트위스트를 추고 앵앵거리며 쫓아오는 경찰차를 피해 좁은 골목으로도 헤집고 다녔다. '브룩클린으로 가는 마지막 비상구'에서 오토바이를 타고 어두운 거리를 질주하는 소년 조르제트처럼 탈출구를 찾으려 했다. 권력자들은 그들을 미친개라도 잡듯 그물을 쳐서 가두려고만 하였다. 학생, 음식점 배달부, 청년근로자들, 그들은 결코 앞서서 걷는 이들이 아니었다.

태극기마저 없는 젖은 거리에 그들의 질주마저 없었다면…. 의자에만 앉아서 만세 삼창하는 것만이 이 시대의 진정한 삼일절의 의미일까. 삼월 첫날, 봄비는 하루 종일 눈물을 흘리고 있었다.

구도를 위한 삽화

 새로운 단어를 찾아내기란 결코 쉽지 않다. 더러는 다른 이의 글을 읽다가 공감되는 부분이 가슴에 와 닿을 때가 있다. 이따금 꿈결에서도 만나는 경우가 있다. 그런 때에 혹여 달아날까 무척 조심스럽다. 그때는 연잎에 이슬방울을 모으듯 이미지를 끌어 모은다. 그리곤 어렴풋하게나마 배경그림을 먼저 그린다. 즉흥적인 감흥에 젖기보다는 단어를 여러 번 굴려 방금 끄집어낸 싱싱한 놈을 앵글에 맞춰본다. 사각 틀 안에 넣어 친분도 따져본다.
 어디서부터 건드릴까 고심한다. 좌로 누웠다가, 우로 뒤척이다가, 발가락 끝에도 놓았다가 머리카락에도 가져간다. 생면부지의 이놈을 어떻게 한 생명체로 만들어 볼까. 그러면 나는 어느덧 젖먹이를 안고 수유하는 어미가 된다. 벌떡 일어나 버리면 그만 도망이라도 갈 것 같아 오랫동안 꼼지락거린다. 겨우 몇 가닥 잡은 문장 몇 줄에다 살짝 얹어본다.

　김춘수는 「꽃」에서 "내가 그의 이름을 불러주었을 때 그는 나에게로 다가와서 꽃이 되었다."고 하였던가. 나는 단어 하나를 두고 그의 이름을 불러주기도 전에 미끄러져 사라질 것만 같아 여간 조바심이 나지 않는다.

　그 모양새가 안개 낀 산자락 거미줄에 걸린 이슬과 흡사하다. 물알갱이들이 매달려 실바람이라도 불어오면 위태롭게 흔들린다. 햇빛이 돋을 때까지 지탱하면 영롱하게 빛나는 수정구슬이 된다. 거미가 눈치 채기 전에 무엇인가 가닥을 잡아야 하는데, 그물코 사이를 헤집고 자꾸 도망가려고만 한다. 감금시켜야 한다. 하지만 구속은 피해야 한다.

　억지로 만들어낸 문장은 늘 말썽만 부리게 된다. 생각해 보라. 쓸모없는 물건 하나를 주머니에 불룩하게 넣어 다닌다면 얼마나 불편하겠는가. 울릴 것인가, 웃길 것인가. 현재형으로 할까. 따라오지 않으려면 또 과거를 끌어 와야 한다. 그런데 미래가 어서 오라고 손짓을 한다.

　자기 자리가 아니어서인가. 우선은 외면한다. 머리맡에 놓여있는 펜과 신문을 더듬어 끌어당긴다. 이제부터는 머리를 심하게 흔들지 말아야 한다. 쉬 잊기를 잘 하는 내 두뇌의 한계는 미세한 흔들림에도 그만 파일이 날아가 버린다. 최대한 천천히 괴발개발 흔적을 남긴다.

　문득 "박제가 되어버린 천재를 아시오."라고 한 시인에게 "천재가 되어버린 바보를 아시오."라고 되묻고 싶다. 꼬리를 물고 나오는 실뱀들을 이어야 한다. 나중에 일어날 일들은 그때 할 일이다. 우선 길이만 연결해 본다. 이럴 때 나는 희한한 버릇이 있다. 남들이야 잠에서 깨건 말건 잠꼬대처럼 외친다.

"아냐, 난 그렇게 하고 싶지 않단 말야."

최소한의 움직임으로 더듬거리며 앉은뱅이책상으로 다가간다. 고층 아파트에서 흘낏 바라본 바깥 풍경, 강변에 반짝이는 불빛을 본다. 처음 이곳으로 이사를 와서 낯설음에 심야에도 잠을 깨곤 했다. 밤새 반짝였던 강변의 불빛을 보고 비로소 안심했었다. 그리곤 새벽하늘이 희붐해질 때까지 그 불빛과 이야기를 나누었다.

불빛이 별빛으로 보인다. 지금 내 머리에서 닿을락말락하는 단어들을 저 별들과 한 번 묶어볼까. 실에 꿰어 목걸이라도 만들어야겠는데 그리 녹록치 않다. 눈을 감는다. 버릇처럼 향을 피운다. 재치기가 나온다. 잠시 갈등한다. 맞지 않은 걸까. 그쯤 고통은 예견하고 있었던 일이 아니던가. 향내를 폐부 깊이 빨아들인다. 오래전 내게서 도망을 간 담배연기를 생각한다. 아, 그제야 몽글몽글 살아나는 문장들. 심산유곡 물소리가 들리는 듯하다. 앙상한 철골 프레임 하나 만들어지는 순간이다.

비로소 헤드라이트를 켠 차들이 새벽길을 열며 지나간다. 그 뒤를 희미한 풍경 하나가 겹쳐지고 있다. 나는 그림 한 구석에 자리를 잡으려 서두른다. 달력은 막 이월을 지나고 있다.

시위를 떠나는 화살처럼

 온통 태극기와 태극선의 물결이다. 응원가로 흘러나오는 노래는 우리 가수의 목소리이다. 국내에서 열리는 시합처럼 착각이 들 정도다. 그만큼 기대도 크다. 올림픽이 열리고 있는 아테네의 양궁경기장이다.
 여자에 이어 남자 양궁도 단체전에서 금메달 도전에 나서고 있다. 한 발 한 발 당겨질 때 보는 이의 손에 땀을 쥐게 한다. 한 점 차이로 벌어졌다간 동점으로 경합을 벌인다. 활을 잡은 선수들의 손이 가늘게 떨리며 이마에는 땀이 송글송글 맺힌다. 조용히 눈을 감고 기도를 한다. 그들 중 열아홉 살 고등학생도 있다. 나는 유독 그 선수에게 관심이 쏠려 있다.
 그 선수와 동갑인 딸아이가 오늘 아침 직장으로 첫 출근하기 위해 다른 지방으로 떠났다. 처음으로 부모의 곁을 떠나 객지의 기숙

사 생활에 드는 것이다. 학교에서 여행을 떠날 때와 기분이 사뭇 달랐다. 고작 해야 서너 시간 거리이고 일주일에 한 번씩 집에 올 수 있는데도 오랫동안 외국에 보내는 마음이다. 아들을 군대에 보내는 마음이 이럴까.

 텔레비전에선 활시위를 떠나 과녁에 꽂힐 때까지의 전 과정을 중계하고 있다. 영화에서 총알이 느린 동작으로 날아가는 것을 종종 본 적이 있었다. 지금은 그와는 분명히 다른 생중계이다. 포물선을 그리며 정중앙에 명중될 때는 안도의 한숨과 기쁨으로 절로 탄성이 인다.

 화살은 직선으로 날아가 바로 과녁을 꽂히는 줄 알았다. 욕구불만인 아이가 말을 듣지 않고 튀어나가는 모습처럼. 그래서 탐탁지 않게 생각하던 운동이었다. 하지만 시위를 떠난 화살은 부드럽게 곡선으로 꽂혔다. 포물선을 그리며 어머니의 품으로 안기는 모습이다. 중간결과를 바라보고 있는 동안은 잠시나마 평온함을 느낀다.

 어느 운동이나 마찬가지겠지만 원래는 선수의 자체 기량만으로 능력과 실력을 판가름하였다. 하지만 그 상태로는 기록은 더 이상 진전되지 않는다고 한다. 특히 양궁에선 더욱 그랬다. 고도의 정신집중 훈련, 세밀한 감각, 기술적 단점 보완, 시뮬레이션 훈련 등 과학적인 훈련법의 도입으로 선수들은 자기 기량의 120%를 발휘한다고 한다. '스포츠의 과학화'를 실감나게 하는 운동인 것이다.

 아이는 지난 몇 년 간 살얼음판을 딛고 다녔다. 고등학교를 다니지 않고 바로 대학생활을 한 것이다. 또래의 아이들과 이 년간의 시간을 벌었다고 생각되지만, 준비하는 동안의 고통은 생각보다 컸다. 고등학교를 입학한 아이는 한 학기를 못 마치고 왕따를 당하여 학교를 그만 두게 되었다. 틈틈이 운동도 하여 신체적으로도 남들에게 뒤지지 않았고, 성격 또한 적극적이어서 그럴만한 이유가 없었다. 하지만 선배들에게선 그런 모습이 가시처럼 보였던 모양이다. 본인의 의사도 무시한 채 서클가입, 학생으론 해선 안 될 지나친 행동까지 강요하는데 아이는 반론을 제기한 것이었다.

인간세계에서 영역다툼은 동물적인 본능이 아닌가. 하물며 혈기가 왕성한 십대엔 더욱 그럴 것이다. 자기가 살아가기 위해 상대를 끌어내리려는 심리전이 비로소 시작된 것이었다. 아이는 그 전쟁에 져서 일시적으로 밀려났다. 스스로 해결하도록 버려 둘 순 없었다. 한마디 말보다 어떻게 하면 세상을 잘 헤쳐 나가야 할지 현실적인 공부를 먼저 가르쳐야 할 일이었다.

경기가 중반을 접어들면서 어린 선수는 유난히 많이 떨고 있다. 결국 그의 화살은 빗나가기 시작한다. 조준하는데도 시간이 자꾸 더뎌진다. 아이의 얼굴이 겹쳐졌다. 세 발 중 두 발이 벗어나더니 마지막은 중앙에 꽂혔다. '퍼펙트 골드' 격앙된 목소리로 아나운서가 중계를 한다. 시위를 벗어난 화살은 채 1초도 되지 않아 과녁의 정중앙에 명중된 것이다. 아직도 그에게 할당된 화살은 세 발이 더 남아있다.

학교를 그만두면 무슨 큰일이나 나는 줄 알았다. 소속이 없는 아이를 그대로 두면 이 사회는 그냥 호락호락 놔두지 않을 것이라는 게 나의 지론이었다. 평소 요리에도 관심이 있어 요리학원과 검정고시학원을 다녔다. 불필요한 사고가 헤집고 들지 못하게 하였다. 한동안 적응을 못하고 자기 방에 들어 나오지 않았다. 주위의 설득으로 시간이 지나자 차츰 웃음을 찾고 동조하기 시작했다. 아이는 늘 자기가 만든 음식을 남들에게 맛보여 주고 싶어 했다. 다섯 살 적엔 밀가루를 온 부엌에 흩어 엉망으로 만든 일도 있었다. 아이는 운이 따랐는지 한 번에 요리자격증과 검정고시에 통과하였다. 바라던 대학 조리과에 입학하게 된 것이었다.

  올림픽이라는 큰 대회에 처녀 출전한 어린 선수는 피나는 노력을 하였을 것이다. 이제 결승전의 막바지를 남겨놓고 있다. 그는 짧은 시간동안 무엇을 생각하고 있을까. 책임감, 가족, 동료, 친구, 자기 자신…. 아직은 어린 나이인데 너무 큰 부담을 주는 것 같았다.

  지나친 기대감으로 자기 자신을 통제 못해 번번이 실수를 하는 경우를 보고 있다. '기대가 크면 실망이 크다.'고 하지 않는가. 선수의 입장은 생각지도 않고 주위에선 성급한 판단을 하지 말아야 할 일이다. 아나운서는 모든 것이 끝난 듯 미리 축하의 메시지를 보내고 있지만 아직 결과는 차분히 지켜 볼 일이다. 이름이 나 있는 선수들도 과도한 부담감으로 주눅이 들어 실력을 발휘하지 못해 시합을 망치는 경우를 종종 본다. '엎질러진 물이요, 쏘아버린 화살'이 되기 전에 모두들 신중을 기해야 할 일이다.

어깨를 축 늘어뜨리고 있는 아이에게 '고등학교를 졸업하지 못했으니 대학졸업장은 있어야 할 것 아니냐.'며 얼마나 닦달을 하였던가. 주위에서 아무리 안타까워해도 어찌 당사자보다 더 하였겠는가.

어린 선수에게 마지막 화살이 남았다. 이 화살이 시위에서 벗어나면 기대했던 희망과 절망이 한 순간에 결정된다. 선수의 얼굴을 보고 있노라니 결과보다도 시합이 빨리 끝났으면 싶은 생각이 간절하다.

떠나는 준비를 하면서도 아이는 자기가 다 알아서 한다고 간섭을 말라고 하였다. 잘 갔다 오라는 말을 끝까지 하지 못하고 창문 너머로 멍하니 바라보고 만 있었다. 한 번쯤은 돌아보며 손이라도 흔들어 줄 만한데 아이도 그냥 나가고 있었다.

우리 속담에 '활과 과녁이 서로 맞는다.'라는 말이 있다. 선수와 아이는 주어진 기회가 때 맞춰 온 것이다. 한 아이는 목표물을 불과 수 십 미터 앞에 두고 있지만 다른 아이는 그보다 더 먼 길을 택해 출발하였다. 주사위는 던져졌다. 결과가 어찌되던 이제는 박수를 칠 일만 남았다. 시위를 떠난 화살은 되돌아오는 법이 없지 아니한가.

4. 계단

· 파고들다
· 칼날
· 대칭
· 섬진강 재첩국
· 뒤란
· 경계에 서서
· 간격
· 계단
· 화룡정점을 꿈꾸며
· 쪽지편지

파고들다

'짜릿!'
순간적이었다. 예상하지 않았던 혀끝은 바늘에라도 찔린 듯 경련을 일으켰다. 미리 대처하지 않은 일이 갑자기 일어난 후, 칼끝만 봐도 말초신경은 곤두섰다. 바다회였다. 흔히 바닷물의 강성엔 충이 없으리란 믿음 하나로 서슴없이 젓가락을 들곤 했다. 반면 약성인 민물회는 디스토마라는 놈이 침범해 있어 조심해서 섭취해야 했다. 예로부터 강과 저수지 주변에 사는 노인들은 수명이 짧았다.

강한 속도로 혀끝으로 침입한 녀석은 과연 어디까지 침범했을까. 체내의 온도가 자기의 생활과 맞지 않아 얼마간 살지 못 하겠지. 하지만 그 개체가 변온동물이라 온몸 어딜 다녀도 살아갈 수 있다면 심각할 수 있다는 말에 나의 즐겨먹기를 돌아보게 했다.

스파르가눔, 기생충의 실제상황이다. 신체에 들어오면 머리끝에서 발까지 구석구석 돌아다니며 피부, 눈 속에서도 활동한다는 예전 회충 같은 긴 기생충이다. 날것을 선호하다보면 자칫 만나게 된다니 설마 했던 우려가 당장 나타났다.

어눌하게 잠입해 대충 얼버무리다만 일들은 또 얼마나 많았을까. 토해냈어야 했는데 앙금처럼 아직도 정수리에 간직하고 있는 어눌한 사치성, 그 잔재들이 문득문득 실핏줄에 배어 있다가 부지불식간에 대화 속에 튀어나올 때, 그 충들이 기어 나오는 걸 보고 기합하고 내게서 멀어져간 상대는 또 얼마였을까.

절대 안정은 없다. 대열 속에 어떻게 하든 끼기 위해 파고들어야 한다. 그 틈을 찾아 들어가 자신의 존재를 확인하기 위해서다. 자기가 속해있는 단체에서 퇴직하고 나서부터 제2의 자리를 만들기에 급급하다. 퇴직 후 이십년을 어떻게 보낼 건가.

바닷고기충이 혀끝을 파고들듯 틈을 찾아 눈을 번득이는 사람들. 어쩜 당연할지 모르지만 살아가는 것이 살벌할 뿐이다. 그 과정을 만들어가는 자체가 곁눈질이다.

칼 날

　자꾸만 벌어진다. 물기가 들어가니 불린 종이처럼 상처 난 부분이 확대된다. 여태껏 숨어있던 것이 서서히 본체를 드러낸다. 손가락 마디에 고무 밴드를 감아본다. 실핏줄이 숨이 막히는지 갈라진 부분에 몰려들어 얼굴을 붉힌다. 태무심이 불러 온 화다.
　팥빙수를 만들기 위해 얼음을 기계에 넣었다. 그런데 각얼음들이 서로 엉켜 떨어지지 않았다. 처음엔 각각의 결정체들이었는데 서로 붙어 군집을 이루고 있었다. 억지로 깨기 싫어 그냥 갈았던 것인데, 이놈들이 당최 분리가 되지 않았다. 단체행동이라도 한단 말인가. 그만 떨어지라고 손가락으로 살짝 건드렸을 뿐이었다. 순간 짜릿했다. 새끼손가락이 닿은 곳은 하필이면 칼날이었다. 얼른 손을 뺐다. 하지만 이미 빙수기 칼날에 손가락을 벤 뒤였다. 오래전 기억처럼 잊어버리려 했다. 하지만 채 하루가 지나지 않아 벌어진 틈

속에 물이 들어가자 따갑기 시작했다.

　어렸을 적부터 유달리 다래끼가 많이 났다. 눈 밑이 약간 욱신거리면 속눈썹을 뽑으며 점을 쳤다. 별 탈 없이 나을까, 아니면 곪을까. 눈에 애기고추만 비빌 뿐이었다. 며칠 지나고 나면 언제 그랬냐는 듯이 낫는가 하면, 눈을 뜰 수 없을 정도로 부은 적도 있었다. 단지 운으로 생각했다.

　이까짓 살짝 베인 상처 정도는 점을 칠 필요까지 없었다. 요즘 잘 낫는다는 피부연고도 안중에 두지 않았다. 그런데 운이 나쁜 쪽으로 기울어지는가. 상처부위가 벌어졌다. 빙수칼날이 손가락으로 전이된 듯 하얗게 날이 서 있었다. 새끼손가락 끝의 얇은 표피가 칼날이 되었다. 엄지손가락으로 살살 문지르자 아리기까지 했다. 문득 예초기의 날을 떠올렸다.

　칼날이 서서히 다가왔다. 1분에 3600회전을 한다는 그라인더보다 더 빠른 성싶었다. 기습이었다. 방어할 능력이 없는 잡초들은 맥없이 무너졌다. 풀벌레들도 앞 다투어 도망가기 바빴다. 단지 눈에 거슬린다는 이유로 애먼 것까지 초토화되기 시작했다. 나는 묵묵부답인 채 바라만 볼 뿐, 아무런 제재도 하지 않았다. 오히려 그 작업에 동참하게 되었다. 언제부터 내게 그런 야성이 숨어있었던가. 어릴 적부터 옥죄어왔던 도덕성, 그 감정의 고리들이 깨어지고 일시에 가슴이 벌어지고 있었다. 매사를 억누르고 타협하며 살아왔다고 생각하니, 왠지 억울한 생각까지 들었다. 중년의 일탈도 아닌데, 이래선 안 된다고 또 추슬러야 한단 말인가.
 선전포고도 없이 기습공격을 하는 비열한 전쟁이다. 풀 속의 제왕 살모사는 댕강 두 동강이 나 버린다. 고개를 바짝 쳐들고 있는 독뱀의 두려움 정도는 이미 공포의 대상 밖이다. 한 편에선 창을, 다른 쪽은 자동소총으로 싸우는 상대가 되지 않는 전쟁일 뿐이다. 회전하는 칼날 앞엔 독 품은 제왕의 혀 끝 정도는 바람 앞의 등불이다. 온 들과 산을 울리며 칼날은 강제로 평정해 버린다. 초목은 숨 한 번 쉬지 않고 떨고 있다. 그 아우성 앞에 얼씬하는 것은 힘 없는 피조물일 뿐이다.
 소리 없는 전쟁, 아직도 독립하지 못한 나라들이 점령자들의 칼날이 잠시 무디어진 사이에 곳곳에서 산발적인 시위를 벌이고 있다. 자신의 힘이 미약한 줄 알고 우방의 친구들까지 규합하여 듬성듬성 맞불을 붙인다. 칼날 앞에 맥없이 무너져도 다시 일어나 눈물겨운 투쟁이 이어진다. 무장군인이 겨누는 총 앞에 두 팔을 벌리고 서 있던 열아홉 살 소녀의 글썽이는 모습이 눈앞에 자꾸만 어른거린다.
 칼날은 무엇인가. 무기, 단지 편리함을 추구하기 위한 물질문명의 도구, 하지만 내겐 아직도 꺼내지 않은 갑 속에 든 아우성이다. 벌어진 새끼손가락 끝을 보고 있으니 칼 한 자루 든 무사가 되고 싶다. 아직도 풀어놓지 못한 숙제, 내 안의 독립되지 않은 그 무엇을 찾으려 자꾸 일어나고 있다.

여태껏 밖으로 드러나지 않고 사라진 생채기가 얼마나 될까. 슬쩍 지나는 단상을 잡아 형상화 해보고 싶은 일들이 부지기수였다. 글을 쓰기 시작하면서부터 작은 일에 더 집착하게 되었다. 깊이 사유하지 않고 지나친 것들, 드러난 일들만 머릿속에 가득 차다보니 발치에 차이는 것들은 종시 관심 밖의 일들이 되어 버리기 일쑤였다. 무딘 사고로 사라져 간 것들을 요즘 들어 종종 곱씹어 볼 때가 있다.

지천명이 넘도록 무엇을 했는가. 앞만 보고 달려왔지만 뚜렷하게 눈에 보일 일들은 하나도 없다. 늘 부족하다. 아이들은 스스로 자라왔다. 내가 부모 밑에서 커왔듯 어떤 대가를 받지 않고 그들도 수레바퀴처럼 그렇게 굴러 온 것뿐이다. 남겨진 것 아무것도 없는 현실, 무딘 칼이라도 다시 쥐고 흔들고 싶다.

새끼손가락을 높이 든다. 오늘도 영혼이 사라질 그날 후회하지 않기 위해 꿈을 꾸고 있다. 아직 사용하지 않은 칼날 하나로 무언가를 찾고 있다. 물 빠진 저수지 진창 속에 몸을 박고 숨어있을 미꾸라지, 분명 그는 살아있다. 언젠가는 새 물을 만나 꾸물거릴 미꾸라지 같은 미끈한 글줄 하나 잡으려고 나는 오늘도 희번덕이는가.

열아홉 살 소녀가 자동소총 앞에 꼿꼿이 고개를 쳐들, 예초기에 잘려나간 풀들의 목이 다시 자랄 그런 날을 기다린다. 두리번거리는 칼날이 아직은 날카롭기만 하다.

대 칭

　겹쳐져야 완성되는 그림이 있다. 데칼코마니기법이다. 일상을 둘러보면 둘을 연결해야 제 얼굴을 드러내는 것들이 부지기수다. 프레스에 찍어낸 조립품들은 모두 그 형체가 닮아 있다.
　조형물뿐만 아니라 생명체 대부분이 그렇다. 아무렇게나 흩어져 있을 것 같은 잡초의 자람이나, 열매의 단면, 그리고 동물들의 형태 등 어느 것 하나 허투루 이루어진 것이 없다. 이를 두고 창조의 조화라 하던가. 돌연변이는 사고의 변이일 뿐이다.
　화가 모딜리아니의 그림 「목이 긴 여인」 앞에 서 있다. 여인의 초상은 접혀지지 않다. 억지로 맞추어 보려 해도 피사의 사탑처럼 기울어져 있다. 바라보는 내내 반대방향으로 고개를 젖히게 된다.
　가식적이고 표정이 없는 현대인을 빗대어 살아 숨 쉬는 모습을 보여주려는 화가의 순간포착 능력이다. 그의 다른 작품에 나타난

나무와 집조차 비대칭이다. 인간의 진솔한 표정, 사물의 정형에 대한 외침, 현상을 비틀어 바라보는 작가의 의도적인 행위이다.

나는 거울을 볼 때마다 약간 미소를 짓는다. 짙은 눈썹, 부리부리한 눈매, 뭉툭한 코, 두툼한 입술. 어딜 봐도 부드러운 구석은 없다. 비치는 모습 그대로는 인상이 곱지 않다는 이야기를 몇 번이나 들었다.

보육교사 시절의 일이다. 어린이집에 처음 오는 아이들은 들어가지 않으려고 떼를 쓰는 일이 더러 있다. 엄마의 손에서 떨어지면 무슨 큰일이라도 일어나는 듯 아이는 기를 쓰고 버틴다. 울음소리에 무슨 일인가 했다. 아, 이를 어쩌랴. 그때까지 칭얼대던 아이가 내 얼굴을 보더니 그대로 얼어버렸다. 아이는 분명 내게서 자기의 세계와 합쳐지지 않은 낯설음을 느꼈으리라.

아끼는 지인이 제안한 것이 입꼬리를 약간 치켜 올리며 살짝 미소를 지어보라고 충고해 주었다. 그래서 사진을 찍을 때도 위장을 한다.

"그 사람 인상과는 다르네…."

만나는 사람들의 후일담이다. 그게 이젠 트레이드마크가 되어버렸다. 흡사 속내평은 감추고 가식의 내가 서 있는 듯하다. 루이스 캐럴의 「거울 나라의 앨리스」에는 대칭을 잘 나타내고 있다.

앨리스가 벽난로 위의 거울을 통해서 다른 세계로 들어가는 것과 나오는 장면이 있다. 이 두 장의 삽화는 완벽하게 대칭을 이루고 있다. 그런데 주인공 앨리스는 배경 삽화는 그대로 두고 들어갔다 나오는 두 장의 그림으로 표현했다. 대칭에의 전환, 단순한 겹침은 더 이상 의미가 없다. 획일만을 고집해선 시선을 집중할 수 없다. 어린아이가 순간순간 자주 바뀌는 텔레비전의 광고 앞에 오래 머물러 있듯 대칭에도 변화가 있어야 한다. 움직임이 없이 가만히 서 있기만 하는 자아에게 찬물이라도 끼얹을 장면이었다.

오십대 중반의 사내 하나가 자아를 찾으려 고군분투하는 모습이 피사체에 잡혔다. 그의 말에 따르면 자기는 억세게 재수가 없는 사람이라고 했다. 하는 일마다 자기편이 되어주지 않는단다. 옷, 자동차, 심지어 자기를 대하는 사람들의 마음까지 모두가 비대칭투성이라고 했다. 젊은 날의 방황 때문에 수년을 수감생활을 하고 난 후부터 인생의 대칭점을 찾으려 무던히 애를 쓰고 있었단다. 그러던 어느 날, 사내에게 기회가 왔다. 모든 유혹을 물리치고 자기만의 일을 하는 것이었다. 남들이 해 온 일을 답습하는 것, 그들과 자기의 그림은 도저히 겹쳐지지 않는다고 했다.

"청바지 디자이너!" 그에게 주어진 유일한 사명감이었다. 청바지에다 나무와 꽃을 그리는가 하면, 정열적으로 춤을 추는 여인의 모습도 그렸다. 살아온 만큼의 보상이라도 하듯 세상에 오직 하나뿐인 그림을 그려나갔다. 수 없이 같은 그림을 찍어내는 인쇄물에 저항이라도 하듯 형형색색의 실들을 넣어 공그르고 누볐다. 여태껏 살아온 생의 의미를 바늘 끝에 넣고 박음질을 했다. 네온사인처럼 화려했던 옛일이 다시 떠오르면 바늘로 허벅지를 찔렀다. 그에게 있어서 획일적인 대칭은 더 이상 아무런 의미가 없었다.

억지를 부리면 무리가 따른다. 대칭은 순수한 마음에서 출발한다. 맞선 자리엔 아이를 데리고 가란 말이 있다. 처음 보는 이에게서 본연의 모습을 파악하기는 어렵다. 거울 속에 비친 얼굴처럼 애써 감춘 위선은 쉽게 읽을 수 없다. 하지만 때 묻지 않은 아이의 눈으로는 가능한 일이다.

어린이집 입학식이 지난 며칠 후, 나를 부르는 호칭이 여러 가지로 바뀌었다. "선생님, 아빠, 아저씨, 할아버지…" 아이들은 비로소 대칭점을 찾기 시작했다.

몽테뉴는 말했다. "많은 사람들은 다만 자기의 앞만을 바라보나 나는 나의 내면을 본다. 나는 오로지 나만을 상대한다. 항상 나를 고찰하고, 검사하고, 음미한다."고.

목이 긴 여인이 거울 속으로 들어가더니 비로소 증명사진의 모델이 되려고 밖으로 걸어 나온다. 머리의 좌우에 서로 다른 꽃가지라도 하나씩 꽂아주고 싶다. 나는 의도적으로 입가에 미소를 짓는다. 얼른 사진을 찍는다. 다시 포커페이스처럼 일상으로 되돌아온다. 얼마나 많은 성상이 바뀌어야 한 가지로 될까. 연륜만이 고독한 위선자의 최종 목표다.

새벽 다섯 시, 알람과 같이 오늘도 나의 대칭작업이 시작된다. 미처 해결하지 못한 어제의 일들을 재정리한다든가 꿈속에서 만났던 새로운 문장들을 집어 하나의 단락으로 만든다.

  이미 하루의 반 이상이 지나간 듯하다. 접혀진 시간은 또 그렇게 흘러가리라. 자기 본위로만 살아온 일기장에 마침표 하나 찍기 위한 작업이 시작된다. 반복되는 일상이 싫어 자꾸 고개를 젖힌다. 거울조차 따라 움직인다.

섬진강 재첩국

　19번 국도에 안개가 자욱하다. 부용꽃 위로 는개가 내린다. 「토지」의 촬영장소를 가리키는 이정표는 물씬 정감이 인다. 울적할 때면 꿈속에서도 헤매고 다니던 길이다. 새 길을 내려는지 도로장비 차들이 일찍부터 서두르고 있다. '길상이'와 '서희'가 뭉칫돈을 내놓아 신작로 공사를 하고 있는가. 이왕이면 도로이름도 '길상·서희로'라면 어떠랴 싶다.
　장막을 걷듯 차가 달린다. 자잘한 물 알갱이들이 유리창에 와서 부서진다. 서서히 다가오는 풍경들. 섬진강은 온통 베일에 싸여 물인지 하늘인지 구분하기 어렵다. 차를 세우고 휘장을 걷자 비로소 공간과 물상의 경계가 나타난다. 눈을 감고 무한지대에 '텀벙' 빠져 버리고 싶다.
　그도 잠시, 내 뱃속은 찬란한 소풍을 거역이라도 하듯, 속 떨림이 간헐적으로 계속된다. 엊저녁 거절 못한 친구와 만남의 결과인 가. 강 길을 따르다 흘깃 눈을 돌리니 재첩국 간판들이 즐비하다. 저마다 원조다. 아내는 출발 전부터 섬진강 재첩국 맛을 볼 수 있겠다며, 아침밥조차 준비하지 않았다. 시큰둥한 나와는 달리 여행을 가서 향토음식을 맛보려는 강한 집착이리라.

간판을 헤집다, '3대 원조 재첩국집'에 차를 세웠다. 묻기도 전에 중국산이 아니라고 말하는 주인의 눈빛이 빛나 보였다. 어지간히도 손님들에게 시달린 모양이다. 구분조차 할 수 없는 이들이야 믿을 수밖에 도리가 없다. 먹을거리에까지 잠식되어있는 불신의 벽을 어이 하랴. 다른 메뉴가 없는지 살펴보지만 모두가 같은 재료로 만든 것들이어서 별반 반갑지 않았다. 한 그릇만 시키자 주인이 고개를 갸우뚱한다.

수영이나 자전거 타기처럼 한 번 배우면 오랫동안 잊지 않는 게 있다. 거부반응을 일으키는 알레르기 음식도 매한가지다. 나는 가리는 음식이 거의 없으면서도 조갯국에 대한 강박관념만은 아직도 벗어나지 못한다.

열서너 살쯤이었던가. 학교에 갔다 온 내게 할머니는 아랫마을 대천에서 얻어 온 조개라고 국을 끓여 준 일이 있었다. 귀한 음식이었다. 시장하던 때여서 거푸 두 그릇을 비웠다. 그런데 아뿔싸, 그게 문제였다. 먹은 것을 다 토하고 고열에 시달렸다. 2, 3일 학교도 결석해야 했다. 나뿐만 아니라, 같이 먹은 누이조차 매한가지였다. 그 후로 수십 년 동안 조개라고 이름 붙은 음식은 일찌감치 밀어냈다. 말만 들어도 몸이 움츠려졌다. 그런 조갯국 집에 들렀으니 내 속이 어떠하였으랴.

아침 나절이어서인가, 손님이 뜸했다. 음식이 이내 나왔다. 재첩 알갱이가 자잘하고 국물이 푸르스름한 것이 하동 재첩국이라며, 시키지도 않은 국을 한 그릇 덤으로 가져다주었다. 재첩은 주독을 빼주고 간 해독에 최고란다. 게다가 몸을 따뜻하게 해주는 부추는 성이 찬 재첩과 찰떡궁합이라며 채근했다. 하지만 내겐 부유하는 부추가 편치 않은 내 속내평 같았다. 그렇지 않아도 참고 있는데 누구 부아 돋게 할 일이 있느냐고 하였더니, 그런 내게 딱 맞는 음식이라고 입에까지 갖다 대는 것이었다. 아내조차 맞장구를 치며 부추겼다.

"약이라 생각하고 드세요."

주인의 말에 귀가 솔깃하긴 했지만 짧은 순간의 속 편함을 위해 수십 년을 금기시 해 오던 신조를 단 몇 분 만에 파기할 수는 없는 노릇이었다. 급기야 입에 침까지 바짝바짝 마르자 두 눈 딱 감고 물 마시듯 훌훌 넘겨 버렸다. 속에 들어간 이물질은 한바탕 전쟁이 일어나고 구역질이 날 일만 남았다. 언감생심, 관광은 뒷전일 것이다. 그런데 시간이 지나도 신호가 오지 않는 것이 아닌가.

식사를 마치고 최참판 댁에 들어갈 때는 화장실의 위치부터 살폈다. 창졸간에 닥칠 위기상황을 대비해 걸음새도 천천히 내딛었다. 그런데 계단을 내려와 저자거리에 이를 때까지 속은 그저 고요하기만 하였다. 조금 전까지의 뒤틀림은 언제 그랬냐는 듯 사라지고 차츰 허기증까지 느껴졌다. 억지로 올라간 산행 길에 땀을 한 차례 흘리고 정상에서 날아갈 듯한 기분이 이럴까.

 일이 잘 풀리지 않거나 자기에게 맞지 않을 때 '징크스가 있다'고 한다. 하지만 그것은 긍정적으로 다가가면 언젠가는 깨질 수가 있다. 때론 모험과 고통이 따르겠지만 어차피 자기가 만들어낸 일이 아닌가. '먹기 싫은 조갯국'이 다시 다가와 기호음식으로 바뀌듯 내 가슴속에 가시처럼 박혀있던 징크스 하나를 뽑아낸 것이다.

 하동포구 팔십 리 길. 물빛이 보석처럼 반짝이고, 오늘 내 속은 마치 비행기라도 탄 듯 훨훨 날아다녔다.

뒤 란

"얼레리 꼴레리 소문내야지, 누구누구는 뒷단에서 뭐뭐 했대요, 뭐뭐 했대요."

하필이면 동네에서 제일 개구쟁이에게 들키고야 말았다. 아마도 녀석의 눈엔 특종감으로 보였던 모양이다. 심심하기도 하고 뭔가 재미있는 일이 없는지 일부러 찾아다니던 아이들이 아니었던가. 우리 집 뒤란과 동네 정자나무와는 일직선으로 보이는 곳에 위치해 있었다. 나무를 타던 녀석에게 그만 발각되었던 것이었다. 소문은 봄부터 여름 내내 꼬리표처럼 붙어 다녔다.

마침 도시에 사는 친척 여동생이 와서 소꿉놀이로 음식을 만들어주던 참이었다. 음식이라야 우물가에 달린 풋앵두를 따고 사금파리를 빻아 양념으로 만든 것이 고작이었다. 아름다운 것이 있으면 모두 주고 싶었다. 아이도 유난히 나를 따랐다. 도시아이들에겐 간

섭받지 않는 그런 공간이 얼마나 흥미로웠겠는가. 뒤란은 나에게 사랑의 꿈을 키워주던 곳이었다.

아니 또 있다. 뒤란은 어머니의 부지깽이 꾸중을 일차적으로 피하던 곳이기도 했다. 그 시절에야 무거운 책가방이 필요가 없고 가사일 돕는 일이 학교일보다 어쩜 더 중요하였다. 방과 후면 소꼴 베기나 소 풀 뜯기기가 오후의 나의 일과였다. 그도 꾀가 나서 들과 산으로 야생마처럼 뛰어다니다 해가 저물어야 돌아오면 어머니의 날벼락이 떨어졌다. 뒤란으로 도망가면 어머니는 일단 따라오지 않았다. 그렇게 날 보듬어주던 아홉 살의 뒤란, 모든 꿍꿍이수작들을 만들어내던 그곳을 우린 '뒷단'이라고도 불렀다.

충북 옥천에 있는 정지용 생가로 문학기행을 갔다. 동행한 문우들은 모두들 옛이야기로 여념이 없다. 대청마루에 앉아 보기도 하고 지게를 지면서 '내 어렸을 때'를 이야기하며 가슴을 쓸어내렸다. 지겹게도 가난했던 시절에 집착을 하는 건 왜일까. 조용한 날이 없는 현실, 불투명한 미래에 대한 두려움 때문인가. 집안을 한 바퀴를 휘돌아보다 나는 뒤란에서 걸음을 멈추었다.

맨땅에 펑퍼지게 앉아 땅따먹기라도 할 그런 작은 마당마저 없었다. 대신 쪽마루가 댓 자로 이어져 있었다. 겨우 엉덩이나 비집을 정도의 폭이었다. 오랜 동안 잊고 지냈던 초등학교를 방문했을 때 바라다 본 운동장과 교실 의자가 그랬다. 그때보다 꿈은 더욱 작아지고 허상들만 차 있으니 커졌다고만 할 순 없으리라. 그 시절

찬란했던 꿈은 모두 어디로 갔는가. 지금은 허물 벗은 껍데기만이 덩그러니 앉아있었다.

  아무도 보이지 않는 혼자만의 공간. 야트막한 담장엔 이엉이 가지런하게 이어져 있었다. 시인은 여기서 무엇을 노래했을까.

    밤에 홀로 유리를 닦는 것은
    외로운 황홀한 심사이어니
    고운 폐혈관이 찢어진 채로
    아아, 너는 산새처럼 날아갔구나

  시인은 아이를 여의고 서러운 마음을 '유리창'으로 이 뒤란에서 속울음을 삼켰던가.

  얼마나 입술을 깨물었으면 피멍이 들 정도였으랴. 언어의 감춤은 어디까지였을까. 검은 안경테 안에 숨겨진 불면의 나날을 떠올린다.

  사람들은 뒤란을 두고 수군거린다고 한다. 대나무가 소소하게 울고 동백꽃 또한 도란도란 말소리를 죽이며 피었다 지는, 구석진 자리에서 무슨 음모라도 꾸미듯 수군거린다고 한다. 살면서 지붕 끝에 닿으려고 모둠발로 용솟음도 쳐보고, 수많은 변신도 꾀해 보았지만 여전히 내가 찾던 희망은 자꾸만 달아나곤 했다. 한 가지를 이루고 나면 더 큰 욕망이 꼬리에 꼬리를 물고 나타났다.

  도회가 싫어 한적한 곳으로 거처를 옮겼지만, 내 마음의 뒤란 한쪽에선 도시의 미아가 되는 꿈을 간간이 꾼다. 아직도 내가 바라던

유년의 소꿉손님 같은 아이가 나타나지 않았음인가. 아, 차려놓은 그날의 풋밥상이 마냥 그립기만 하다. 쪽마루에 앉아 끝없는 미궁에 빠져본다. 다가오지 않는 나의 뒤란이 가물가물 아지랑이로 피어오른다. 고개를 젖히니 목울대로 울컥 설움 한 점 넘어간다.
"뭘 하세요. 다들 단체사진 찍는데…."
펼쳐 놓은 가슴을 여미며 돌아서 나가니 저마다 한마디씩 거드는 듯하다.
"얼레리 꼴레리 누구누구는 뒷단에서 뭐하고 왔대요."
왁자한 소리가 시리도록 푸른 봄 하늘로 동심원이 되어 멀리 멀리 퍼져나갔다.

경계에 서서

　얼음은 더 얼려 하고 물은 녹이려 한다. 속성은 하나지만 이리 다르다. 그들만 그러하랴. 피를 나눈 형제간에도 성격이 다르다. 기온이 떨어지자 칼바람 부는 정월의 저수지에 영역 다툼이 치열하다. 가장 가까운 곳까지 내려가서 그들을 지켜본다.
　자주 오르는 산의 초입에 오래전부터 자리 잡고 있는 저수지가 하나 있다. 그리 넓지도 않아 농사를 위한 수리시설로도 쓸모가 없다. 근래 들어 물이 차 있는 것을 본 일이 없다.
　언저리의 돌은 창백한 빛을 띠었고, 저수지 바닥은 거북이 등처럼 갈라져 있었다. 오랜만에 겨울가뭄을 해소할 비가 내렸다. 그러고 보니 며칠째 저리 자잘하게 싸우고 있는 것이다.
　싸움의 시작은 언제나 경계선에서부터 시작되었다. 서로가 맞닿는 곳엔 여러 가지 모양이다. 지도를 보는 것처럼 해안도 있고, 작은 섬도 있다.

 그 섬을 연결하는 다리가 있는가 하면, 뭉텅뭉텅 구멍도 뚫려있다. 간혹 얼음 쪽 중간에 금이 가서 곧 떨어져 나가려는 위태한 곳도 있다.

 유속이 빠른 데부터 힘이 약해진 얼음은 차츰 얇아지면서 분리되려 한다. 물은 이들을 용하게 찾아내선 집중공격을 하고 있다. 더 이상 지탱할 수가 없어 떨어진 얼음은 잠시 표류하다 흐름이 약한 곳에 다다르자 다시 다른 곳에 붙으려 한다. 안간힘을 쓰는 얼음과 물의 방해, 그 무수한 싸움의 경계에 서서 나는 그저 우두망찰할 뿐이다.

 한갓 자연현상이 저와 같을진대 만물의 영장인 인간인들 고민 없이 살아갈 수가 있겠는가. 한 가지가 해결되고 나면 또 다른 일이 도사리고 있다.

 깊은 산중에서 수도하는 이들도 번뇌에 시달린다고 하지 않는가. 바라보는 시점이 너무 민감해서인가. 물과 얼음의 아귀다툼이 오늘 아침 산행을 막고 있다.

 자기의 주장과 합치되지 않으면 상대가 누구든 배척해 버리는 게 현실이다. 오래된 사고와 가치관들이 개방에 밀려 떠내려 가버리면 흔적도 없이 존재는 사라지는 것이라며 얼음은 외치고 있는 성싶다. 이에 아랑곳하지 않고 고정된 사고를 녹이려는 물은 반란을 일으키고 있다.

"저 놈들이 또 싸우네."

간혹 지나가는 이들이 돌멩이를 던지기도 한다. 그러면 경계는 일시적으로 없어져 버리지만 이내 원래의 모습으로 돌아가려 한다. 그들의 모습이 문득 일상으로 클로즈업 되어온다.

오늘은 무슨 일로 바라보는 이들의 심기를 자극할까. 텔레비전을 켜면 제일 먼저 눈에 들어오는 것은 정가의 싸움이다. 눈도 감고 귀도 막으며 자연인으로 살아가려니 현실에 적응하는 힘이 자꾸만 약해지는 것만 같다.

습관적으로 또 볼륨을 높인다. 어제까진 긍정적이던 인물이 오늘은 웬일인지 상징적인 대상으로 떠오를 때도 있다. 우려하는 그 목소리를 본인도 알고 있을까.

얼었다 녹았다를 반복하며 합일점을 찾기를 모두 바란다. 그런데 요사인 그 공방전은 숫제 풀릴 기미가 보이지 않는다. 그래 바라보는 이들은 "어느 쪽이나 똑같아."라며 돌을 던진다.

흑과 백의 논리를 요구할 뿐이다. 하지만 그게 두부 자르듯 간단히 해결이나 될 일인가. 어느 절대자가 있어 그 해결을 속 시원히 해 줄 수 있겠는가.

문학은 쇠퇴하고, 철학은 땅에 떨어지고, 인간미는 시궁창에서 장미꽃 찾기가 되어 버렸다고 한다.

땀 흘리면 잘 산다는 가치관은 퇴색되어 언제나 요행과 한탕만 잘 하면 된다는 사회의 모순. 강한 자들에게 빌붙어야만 살아갈 수 있다고 지식인들마저도 펜을 던지고 한 곳으로 몰리고 있다.
 언젠가 산을 가로질러 도로를 내려고 절개한 것을 본 적이 있었다. 수직으로 잘린 바위, 끊어진 산중턱, 무언가 말하려던 단면의 언어들.
 삶 자체가 '이것이냐, 저것이냐. 그것이 문제로다'라는 명제에 봉착되어 수많은 투쟁을 하고 있는 게 아닌가. 그를 해결하지 못해 고통 속에 헤매고 있는 유기체의 투쟁. 그 절개의 적요함이 오랫동안 나를 붙잡았다.
 해가 나면 경계는 풀린다. 낮 동안의 물의 평화는 어두워지면서 갈등과 아집으로 또 싸울 것이다. 나는 그 경계에 서서 어느 곳에 발을 디뎌볼까 망설이고 있다.
 얼마나 오랫동안 주변만 맴돌고 있었던가. 앞으로도 내 마음 속의 파랑새존을 맞추기 위해 더 많이 고민하고 서성이게 될 것이다.
 물과 얼음이 상생할 그날이 기다려진다. 사날 동안 냉랭한 날씨가 계속된다고 한다. 며칠 간 아침 산행을 쉬어야겠다.

간 격

기어이 왼쪽 눈마저 침침하다. 오른쪽 눈을 감으면 흰 레이스커튼이 드리워진 듯 온통 희끄무레하다. 우려했던 일이지만 이렇게 빨리 찾아 올 줄은 미처 몰랐다. 양 눈을 모아 본다. 그 사이의 간격은 한 곳에서 바라보듯 코끝이 잡힌다.
"왼쪽으로 전이된 것인가요?"
"꼭 그렇지만은 않아요, 자극적인 것에 너무 노출된 것 같네요."
지난 시간들을 더듬어 본다. 못 볼 것이라도 봤단 말인가. 아니면 하루에도 몇 시간씩 안고 있는 컴퓨터 탓인가. 의사의 말은 기대했던 것과는 다른 진단이다.
전이되었다는 확신은 이미 두 차례 수술을 받아 온 지인에게서 걸려온 전화에서부터였다.
"오른쪽 커튼을 걷었는데 곧 바로 왼쪽까지 했어."

처음엔 반신반의했다. 어떻게 그렇게 연결될까. 왼눈과 오른눈 사이의 간격이라야 미미한 차이지만, 엄연히 다른 세계가 아닌가. 양안의 시력이 같은 법이 없듯이 말이다.

내 시력은 그야말로 남들이 부러워 할 정도로 좋았다. 안경을 끼고 있는 이들에게 보란 듯이 원근의 장치들을 끌어들였다 놓는 호기까지 부렸다. 하지만 호사다마라고 했던가. 어느 날부턴가 오른쪽 눈이 흐릿해지더니 차츰 뿌옇게 흐려지기 시작했다. 의사는 거침없이 노안증상이라고 했다. 어찌 준비되지 않은 '노(老)' 자를 붙인단 말인가. 아무리 부정을 해도 그 증상은 나이가 들면 눈으로부터 제일 먼저 찾아오는 불청객이라는 말에 주눅이 들기 시작했다.

그 무렵 그토록 열망하던 글공부를 시작하고 있었다. 얼마나 심취했으면 잠자는 것조차 잊을 정도였다. 금세라도 작가의 반열에 들 듯한 심정으로 설치고 다녔다. 자신감이 붙자 등단의 반열에까지 이르게 되었다. 치희는 하늘 높은 줄 몰랐다. 그럴수록 내 소재 창고는 차츰 고갈되어갔다. 한 번 금이 간 독에 부은 물은 고이지 않고 애먼 곳으로만 흘러내리고 있었다. 농부가 다음 해를 위해 두엄을 썩혀 퇴비를 척박한 땅에 양분을 주듯 철저한 준비가 있어야 했다. 얼치기 작가 지망생일 뿐이었다. 연필 든 손이 점점 부끄러워지기 시작했다.

오른쪽 눈은 그렇게 제 기능을 차츰 잃어가고 있었다. 한계를 느끼고 고민하고 있던 어느 날, 무딘 손을 잡아준 은인이 나섰다. 등을 두드리며 이제부터 시작이라며 위로했다. 누구나 그 고개를 넘어서야 한다. 이는 정해진 등산길을 포기하고 중간에서 되돌아가는 것과 같은 이치라고 했다. 다시 다잡고 앉았다.

안과를 찾았다. 그동안 왼쪽 눈에 의지해 와서 조금은 불편했지만 그래도 적응하며 살아왔다. 예전엔 노인들에게만 온다던 질환이 이젠 젊은이들에게도 찾아온다고 했다. 수술은 생각보다 간단했다. 전신마취에 단지 사각거리는 메스 소리만 들릴 뿐이었다. 그동안 품고 있었던 어린 사고들을 모두 없애주기만을 바랐다.

지나간 시간들이 자꾸 눈에 밟혔다. 온통 자신감 하나로만 살아오다 부닥친 세상의 걸림돌, 부딪히면 포기하고 살아가야 되는 줄 알았다. 붕대를 푸는 순간 감탄하지 않을 수 없었다. 물상들의 초점이 차츰 모여들기 시작했다. 흩어졌던 퍼즐조각들은 서서히 짝이 맞춰졌다. '내 눈에 보이는 아름다운 세상 잊을 수가 없어'라는 노래가사처럼 광명을 찾았다.

의사의 재바른 손이 지나간 자리엔 티끌 하나 끼지 않은 인공수정체로 갈아 끼워졌다. 처음엔 양안의 초점이 엇나갈 수도 있으니 이는 본인의 사용여하에 달렸다고 충고하였다. 흡사 새로운 자동차를 구입했을 때 몸에 맞게 습성이 붙는 이치와 같았다.

다시 책상 앞에 앉았다. 인생 2회전이라도 전개되듯 눈앞에 보이는 것과 흐릿하게 보이지 않았던 그 시간들을 모두 모아 상상력을 집어넣었다. 다작이 과작이 되었다. 한두 번의 퇴고가 열 번 스무 번으로 늘어났다.

  그렇지만 어쩌랴. 바람 빠진 풍선처럼 허전한 마음으로 자책하는 날들이 늘었다. 스펀지처럼 빨아들이던 예전의 기억력과 예지는 어디로 가고 느림보 거북이 타법으로 앉았다 서길 반복하였다. 나도 모르게 남들을 흉내 내기 시작하고 지난날 사용했던 소재를 다시 들먹거리는 것을 발견하곤 놀란 적이 한두 번이 아니었다. 그러던 어느 날 다시 찾아 온 시련, 왼쪽 눈이 침침해지기 시작했다. 한동안 자리에서 일어날 수가 없었다. 이대로 주저앉아야 하나.

  오른쪽에 찾아 온 지 오년 만이었다. 잊어버려야 할 때쯤 다시 찾아 온 반갑잖은 손님. 하지만 늘 염두에 두지 않았던가. 언젠가는 찾아온다는 그 불청객이 오늘 떡 하니 자리 잡고 있다. 되물었다.

  "어찌 하오리까, 이젠 눈조차 보이지 않아 일어서기가 어렵나이다."

  "무슨 일을 하든 그 일에 한 십 년은 미쳐 보시오."

  보잘것없는 작품 몇 점을 가지고 얼마나 상품화 시켰던가. 이를 지켜보던 이들은 안타까움에 하루 빨리 제자리를 찾길 기도했으리라. 영국 속담에 '기도하기 위해서보다 옷 자랑을 하기 위해 교회에 나가는 사람이 많다.'는 말이 있다. 언저리만 택하는 우를 범하지 말아야 할 일이다. 늦게 시작한 내 글쓰기의 열매가 여물어질 그날까지 오직 매진만 할 따름이다. 이젠 두려워 하지 말고 한 나절을 병원 시트에 누워 그동안 등한시했던 양안 사이의 짧았던 그 거리만큼의 의식을 다잡아야 한다.

기준이 되는 두 물상 사이엔 간격이 존재한다. 선로의 간격, 양 미간 사이의 간격, 나와 글쓰기와의 간격, 얼핏 보면 영원히 만날 수 없을 것 같지만 종시에는 종착역이 있는 것처럼 언젠가는 만날 것이다. 여태껏 내 글쓰기는 미간 사이의 3센티미터 간격보다 더 짧고 보잘것없었다. 가까이 있으면서도 만나지 못 하는 그 무한대의 거리. 오늘도 그 둘 사이의 간격을 좁혀보기 위해 미간을 찌푸리며 초점을 모아 본다. 여전히 흐릿하고 겹쳐진다.
  백내장수술 날짜를 어서 잡아야겠다.

계 단

　나는 17층에 살고 있다. 1층에서 올라올 때는 엄두를 못 내지만, 내려갈 땐 계단을 이용할 때가 많다. 그럴 때면 마치 땅 속으로 들어가는 것만 같다. 그래 어떤 신비로운 일이 기다리고 있는 성싶기만 하다.
　오랫동안 일반주택에 살다가 최근 아파트로 옮겼다. 그래선지 한동안 적응이 되지 않아 곤혹스러웠다. 베란다를 통해 밖에라도 내다볼라치면 현기증이 나고 공중에 떠있는 기분에 다리가 떨린 적이 한두 번이 아니었다. 입주한 지 3개월이 지난 요즈음은 누가 물으면 참 잘했다고 한다. 편리한 점이 많기도 하지만 계단에 흥미를 느끼고 있기 때문이기도 하다. 산행을 하지 못했을 땐 하루치의 운동을 여기서 보충하기도 한다. 급한 일이 있을 때는 10층까지 걸어 내려갔다가 엘리베이터를 탈 때도 있다.

간혹 아이들과 빨리 내려가는 시합을 하기도 한다. 셋이나 되는 아이들이지만 아무도 나와 동참하진 않는다. 자기들이 '따 논 단상'이라고 여기기만 할 뿐이다. 엘리베이터가 1층에서 올라와 다시 내려가야 하니 분명 승산이 있다. 기계를 이길 심사는 아니었다. 단지 '아직은 내 체력에 자긍심을 가질 수 있어.'라는 쓸데없는 치기 때문이었다.

마음과는 달리 번번이 지고 만다. 헉헉거리며 7층쯤 내려왔나 싶으면 기계음은 여지없이 '땡' 하며 1층에 도착했음을 알린다. 환호하는 아이들의 소리가 들리는 듯하다.

"에이, 오늘은 이사하는 집들도 없나. 어떻게 아무도 타지 않는 거야" 투덜거리며 내려간다.

산은 오르긴 어려워도 내려가긴 쉽다고 하지만 계단 내려가기는 그리 만만치 않다. 주위에 형상물이 없어 재미 삼아 눈을 감을 수도 없다. 금속 손잡이가 있으나 애초 눈 밖이다. 시골길이나 인도의 가로수와는 대조적이다. 한 번은 눈을 딴 데 두고 어림짐작으로 내려오다 발목을 접질린 적도 있었다.

인도에 장애인용 표시 길을 눈감고 걸어 보라. 몇 발자국을 가지 못해 눈을 뜨거나 자꾸 기울어질 것이다. 그럴 때면 그 길은 특정 인들을 위한 것이 아니라 모든 이들에게 해당되는 것이라는 생각이 든다. 무엇에나 기대지 않으면 똑바로 걷지 못하는 현대인들. 그들이 곧 장애를 가진 것은 아닐지 싶다. 그런 저런 생각을 하며 계단을 내려간다.

　16층엔 우리 아이가 얼마나 뛰어다녔으면 '조용히 합시다, 뛰지 맙시다.'라는 글이 적힌 구겨진 종이가 보인 적이 있었다. 아파트에 살면서 무언의 규칙을 모르고 살았던가. '산 위에서 주먹만 한 게 아래에선 집채만 해진다'는 스노우 볼의 원리처럼 그 울림이 배로 커진다는 것을 처음엔 알 리 없었다. 오죽했으면 이렇게 종이로 전달하려했을까. 이사 떡을 돌리며 바라 본 아래층 사람들이 점잖아 보였다고 하던 터였다.

　14층은 신문을 배달하는 집이다. 새벽에 제일 먼저 반갑게 찾아오는 손님이다. 알뜰한 주부의 야무진 손길처럼 남은 신문과 파지, 가내공업용 구리 코일이 제품화되어 잘 정돈된 모습. 나는 강아지처럼 킁킁대기 시작했다. 하지만 거긴 배달된 음식점 그릇들까지 깨끗하게 씻어 놓아 냄새가 날 곳이 없었다.

　12층이다. 아동용 자전거가 보인다. 까맣게 타서 다니던 아이의 얼굴이 떠오른다. 자전거에는 열쇠가 채워져 있지 않다. 흔히들 집 밖에 세워둔 자전거는 열쇠가 없으면 남의 것이라고들 한다. 요사이 아이들은 가정이란 울타리를 벗어나면 자기 소유물을 남에게 뺏기지 않으려는 연습부터 한다. 도둑을 맞지 않는 것이 이 시대의 모범생들이라고 가르친다. 채워지지 않은 자전거, 누가 아파트를 삭막하다고 했던가.

　어젯밤, 아래층 어딘가에서 크게 다투는 소리가 들렸다. 그 소리를 듣고 있으면 아파트가 한편으론 위험한 장치물이란 생각도 든다. 격하면 참지 못한 사람들은 혹 딴 마음을 먹지나 않을까 해서다. 그래 방범창은 외부 침입자를 막기보다는 내부 이탈자를 위한 장치가 될 수도 있다. 엊저녁 일은 8층에서 일어났을까. 목이 부러진 술병과 흩어져 있는 담배꽁초들이 전장의 모습만 같다.

7층이다. 칠이란 숫자를 우리들은 얼마나 좋아했던가. 그런데 언제부턴가 그 숫자를 피해 가는 이들이 늘어나고 있다. 자기에겐 행운이란 존재하지 않는다며 요즈음 들어 부쩍 멀리하려는 숫자이다. 며칠 전까진 보이지 않던 부서진 컴퓨터가 널브러져 있다. 엄마와 아이의 한 바탕 전쟁, 아니면 형제간의 내분이었을까.

주위를 의식하며 내려와도 간혹 층수를 보지 않을 때가 있다. 마음속으로만 생각하다 바라보았을 때 생각보다 높은 층이면 실망을 하게 된다.

아침 일찍 아무도 밟지 않은 길을 나서고 싶을 땐 계단 내려가기를 조심해야 한다. 간헐적으로 들리는 엘리베이터의 기계음이 공포로 들릴 때도 있다. 자칫하면 오해를 살 수도 있는 시간이다. 하지만 그건 기우이다. 우유배달, 조간신문, 조조 출근하는 이들의 웃는 얼굴들이 있기 때문이다. 모두들 저리 분주하게 다니는데 나는 지금 어디에 서 있는가.

그러구러 반환점을 돌아오듯 지나오면 발걸음은 빨라진다. 이젠 내리막길이다. 아래층에는 내가 바라는 신비스러움이 아직도 기다리고 있을까. 가만히 허벅지를 만져본다. 꿈틀대던 근육들은 많이 사라지고 허물허물 하기만 하다.

어느덧 2층에 도착하니, 발가락 끝에 힘을 주고 내려와야 할 수고를 든다. 한 개 층에 무려 십여 개씩의 계단의 수가 여기에선 불과 두 개로 줄어든다. 파격이 주는 아름다움, 그제야 나는 안도의 한숨을 쉰다.

두 계단을 건너뛴다. '쿵' 대지에 가까워지는 소리. 그렇게 다가온 1층엔 센서 불이 "수고하셨습니다."라며 반짝 빛난다. 엘리베이터에서 내리는 이들과 합류하는 지점이다. 서둘러 가건 천천히 가건 도착점은 한 군데이다. 뒤를 돌아봐도 계단은 보이지 않고 지나온 웃음과 눈물이 정겨울 뿐이다.

아파트생활에 차츰 익숙해진 요즘은 가끔 계단으로 올라가고 싶은 호기를 꿈꾸기도 한다. 그래 서두를 이렇게 써 본다.

'내가 살고 있는 아파트는 20층 중 17층이다. 내려올 때는 엘리베이터를 타지만 올라갈 땐 계단을 이용할 때가 많다. 그럴 때는 마치 구름 속으로 들어가는 것만 같다. 오늘도 나는 지상으로의 신비를 꿈꾼다.'

지천명의 성상이 자꾸만 흔들린다.

화룡점정을 꿈꾸며

"진달래꽃, 개나리꽃 다시 피면 고속도로 버스 타고 내 고향 간다네."

 아침마다 듣는 K의 노래 소리이다. 웬만하면 그만할 때도 되었는데, 그는 산 초입에서부터 정상에 이를 때까지 줄기차게 불러댄다. 병원에서 의사가 사고를 긍정적으로 하고, 운동도 열심히 하며 좋아하는 노래도 많이 부르라고 했단다.

 K는 아침마다 산에서 만나는 친구다. 제법 탄탄한 중소기업체를 운영하던 그였다. 신용 하나만으로 수 십 년을 살아오던 그도, 걷잡을 수 없는 IMF 태풍 앞에 여지없이 무너져 버렸다. 막상 그런 상황에 맞닥뜨리자 줄 사람은 모여들고, 받을 사람은 종적을 감추었다. 그렇게 그는 쓰러졌던 것이다.

 오늘도 미륵봉 정상에서 약속이나 한 것처럼 만났다. 산이라고 해야 나지막한 야산에 불과하다. 보통 사람들의 걸음으로 오르면 40여 분 걸리는 거리이지만, 그에게는 남들의 배 이상이나 시간이 걸린다. 뇌졸중으로 쓰러져 큰 고비를 넘긴 터여서 운동은 필수라고 했다. 그의 노래는 독특한 치료법 중의 하나라고 하였다.

나 또한 그 위기의 터널 입구까지 갔다 온 처지라 그와는 많이 통하는 데가 있었다. 나이는 한 살 아래지만 모든 면에서 형처럼 해박하였다. 지천명을 바라보는 중년남자 두 명은 그렇게 만났다.

우리가 늘 다니는 미륵봉 정상에는 돌부처가 하나 서 있다. 언제부터 생겼는지 아는 이는 없다. 도심을 떠나 이사를 온 지 겨우 한 해 정도 된 나, 몇 해 전 치료 차 나와서 살고 있는 그도 정확히 알지를 못했다. 단지 예전엔 인근에 절이 있다가 없어지고 돌부처만 덩그러니 남았다고 했다. 다행히 산을 오르는 이들이 시멘트로 된 제단을 만들고 향을 꽂을 수 있도록 받침대와 촛대를 준비해 두어 아침이면 향내와 촛불이 꺼지지 않았다. 무슨 소원들이 그렇게 많은지 오르는 이들 대부분이 합장을 하고 절을 하곤 한다.

가만히 살펴보면 엉성하기 그지없다. 평범한 돌에 누군가 정으로 겨우 얼굴 모습만 만들어 놓은 자연석 그대로이다. 미술작품을 감상하듯 조금 떨어져서 바라보면 부처님의 형상 같지만 다가가 보면 곰보투성이다. 나도 처음엔 멀뚱하게 지켜보다가, 이젠 합장하여 돌부처님을 돌면서 내 몸과 마음속에 있는 응어리를 풀어달라고 기원을 하기도 한다. 실제로 효험을 보고 있다는 이도 있었으니, 누가 그들을 탓하랴.

전에 살던 도시에는 갓바위라는 약사여래부처님이 있었다. 영험이 있다고 아이들에서부터 노인들까지 먼 곳에서 찾아와 높은 산을 힘들게 올라가는 모습을 바라보곤 했다. 신심(信心) 깊은 이에게 물어보니 부처님이 있는 곳까지 올라가면서 입으로는 계속 '약사여래불'을 되뇌다보면, 힘 드는 것과 번뇌도 일시적으로 사라지고, 새로운 믿음이 생긴다는 것이었다. 모든 일은 마음먹기 나름이라고 했다.

K는 하루빨리 목발을 버리고 훨훨 뛸 수 있도록 해달라고 빌고, 나는 증상도 고통도 없는 '침묵의 살인자'인 혈압을 낮춰달라고 빌고 또 빌었다. 그와 나는 병이 나으면 미륵봉돌부처님께 꼭 눈을 그려주기로 약속을 했다. 그것을 지키기 위해서라도 부지런히 운동을 하자고 굳게 다짐하였다.

나는 참을성이 약하고 공격적이며 경쟁을 좋아하는 전형적인 다혈질 A형 남자였다. 체중은 100kg에 거의 근접한 가당찮은 무게였다. 표준체중을 유지하려면 거의 20kg을 빼야 했다. 움직일 때의 뒤뚱거리고 둔한 기색은 바라보는 이들로 하여금 현기증을 느끼게 할 정도였다. 오죽했으면 목 뒤에 생기는 기름 덩어리인 '버팔로 험프'가 마치 혹처럼 달렸을까. 그래서 칼라가 없는 옷을 입는다는 것은 상상할 수조차 없었다.

식성이 문제였다. 어디에 쫓기기라도 하듯 그야말로 눈 깜빡할 사이에 식사를 끝내 버리는 것이었다. 불규칙적인 식사와 부족한 운동으로 복부비만은 급기야 상 복부까지 올라오게 되었다. 지방 흡입술을 하는 것을 보며 치를 떨었지만, 바라볼 때 그때뿐이었다.

주량 또한 만만찮았다. 가볍게 한 잔하며 술을 음미한다는 말은 내겐 어울리지 않았다. 마음에 맞는 친구들과 어쩌다 주말에 만나다 보면 빈 술병은 쌓여만 갔다. 담배는 또 어떠했던가. 하루 두 갑이 보통이었으니 속은 철판을 둘러도 감당해 낼 수가 없었을 것이다. 그야말로 불에다 불을 덧대는 것이나 다름없었다. 그러기를 수년, "이젠 몸이 예전과 다르군" 하며 꽁무니를 빼는 친구들이 나오기 시작했다. 하지만 만나서 분위기가 무르익으면 굳은 맹세는 어디로 날아가 버렸는지 그 버릇은 도지곤 했다.

한 번은 이런 일도 있었다. 밤새 술에 취해 모두들 헤어지고 어찌어찌 집까지 오긴 왔는데 들어가지도 못하고 대문 앞에 누워 잠들어 버린 것이었다. 지나가는 치기배에게 지갑을 털린 것은 물론이고 상처까지 입었다. 피로 얼룩진 모습으로 새벽 미화원의 신세를 졌던 것이다. 그런 봉변을 당한 뒤에 집에 돌아가 잠자는 모습은 더욱 가관이었다. 코 고는 소리에 온 가족이 피신을 해야 할 지경이었다. 그날 아내는 수면무호흡증으로 혹시나 무슨 일이라도 일어날까, 몇 번이나 흔들어 깨웠다고 한다. 아내의 걱정스런 채근이 이어졌지만 내 딴에는 스트레스 해소에 술과 담배를 빼놓고 무슨 재미로 사느냐고 되레 화를 내곤 했다.

자학은 일시적인 위안일 뿐인데 무엇을 위해 그렇게 몸을 학대했던가. 그 작은 알갱이들이 쌓여 더 큰 고통으로 돌아올 줄 알았다면 어찌 기계처럼 몸을 굴렸을까. 단지 회복되는 것처럼 보이는 미세한 유혹의 덩어리, 그들의 일시적인 진통효과가 그렇게 만들었던 것이다. 몸과 마음이 늘 젊지 않다는 말은 한낱 귀 밖으로만 들렸다.

모든 면에 너무 예민한 것이 또 탈이었다. 그렇게 몸과 마음을 혹사하다가도 작은 일이라도 남에게 맡기면 안심이 되지 않았다. 무슨 행사라도 잡히면 밤새 잠을 이루지 못하고 고민의 성을 쌓곤 했다. 처음부터 끝까지 완벽한 계획이 이루어진 뒤에야 잠을 이루었으니 오죽했으랴. 그런 성격이면 절대로 살이 찌지 않을 것인데 이상하다고 주위에선 고개를 절레절레 흔들었다.

하지만 늘 그렇게 걱정하던 일들은 그리 오래 가지 않았다. 처음부터 무리라고 생각했던 사업의 확장은 차츰 힘에 겁기 시작했다. 전형적으로 사업가의 기질이 아니라고 만류하던 지인들은 안정적으로 끌고 나가길 권유했다. 그럼에도 시작된 일은 그야말로 '위로 남고 아래로 샌다.'는 식이었다. 줄줄이 자라는 삼남매는 내 눈치를 보기 시작했고, 윗돌을 빼서 아랫돌을 막는 일도 그만 한계가 있었다. 고민이 늘어나고 더욱 술을 찾기 시작했다.

무슨 일이나 긍정적인 사고는 차츰 사라졌다. 화가 치미는 병이라고나 할까. 잠시도 주체할 수 없는 두근거림, 강박관념에 시달려야만 했다. 책임감과 거기에 따르는 의무감까지 머리를 혼란하게 만들었다. 새벽 저수지를 찾아가 해결책을 찾지 못하고 돌아온 지가 몇 번이던가.

결국 넘어지고 말았다. 온 팔 다리가 붓는 듯하더니 통과해야 할 구멍 속에 들어가지도 못하고 온몸이 산처럼 커지기만 했다. 숨 한 번 쉬면 몸은 고무풍선처럼 부풀어졌다. 사다리 장애물을 통과하지 못하고 몸에 끼여 있는 상태였다. 빠져 나오려 발버둥을 쳤지만 허사였다. 그러다 터져 버렸다면 어찌 되었을까.

설상가상이라던가. 하느님과 부처님은 결국 나의 편이 아니었다. 정신적인 지주로 삼았던 어머니께서 사고로 갑자기 돌아가신 것이었다. 힘들어하는 나를 위해, 그때까지 정신을 못 차리고 집으로 들어오지 않던 막내아들을 위해 어머니는 절에 가서 불공을 드리고 계셨다. 한데 그만 계단에서 넘어져 열아홉 시간의 긴 수술에도 불구하고 돌아올 수 없는 먼 나라로 떠나셨다. 온 세상의 불행을 왜 내게만 주느냐고 얼마나 하늘을 원망했던가. 어머니는 영안실에 계시고 나는 응급실에 누워 있었다. 장맛비가 쏟아지는 산에서 지방 대신 읽어 내려간 사모곡은 모든 조문객들을 울리고 말았다.

장지에서 몇 번을 까무러치다 내려왔다. 모든 일이 이렇게 비극으로만 끝날 것 같았다. 장례를 치르고 며칠이 지나 초췌해진 모습으로 병원을 찾았다. 아니나 다를까. 어떻게 상태가 이 정도인데도 몸을 관리하지 않았느냐고 의사마저 놀란 표정이었다. 고혈압인 데다가, 고지혈증에 신장 기능까지 약해져 있었다. 계속적인 치료를 받지 않으면 어찌 될지도 모른다며 약을 한 아름 안겨 주었다. 혈압은 중년에 이르러 더욱 조심해야 한다는 걸 알고 있었다. 그렇지만 나와는 상관없는 일이라고 태무심하지 않았던가. 옳게 병원 한 번 찾지 않았고 건강검진 또한 받아보지 않고 호기만 부렸으니….

 그런데 이젠 어찌 하랴. 정상적인 신체와는 먼 나라 이야기가 되어 버렸다. 몸 상태는 이미 폭탄을 안고 있는 것이라고 하였다. 혈압약은 한 번 복용하면 평생을 같이 해야 한다는 그 강박관념이 머리를 짓눌렀다. 며칠을 두고 고민했다. 주위에선 복용을 하고 있는 이들이 의외로 많았다. 아침에 한 알을 보약 먹듯이 하면 된다고 위로까지 해주었다.

 약이 문제가 아니었다. 원인제공부터 없애고 개선해야만 했다. 식습관, 스트레스, 과음, 운동…. 모두가 내겐 벅찬 일들이었다. 하지만 이대로 무너질 순 없었다. 주위에서 자신을 극복하지 못하고 말년을 비참하게 살아가는 이들을 얼마나 많이 보고 있는가. 재충전의 기회를 가져야 했다.

 막내 중학생부터 대학생인 큰아이까지 이야기를 모았다. 모두가 나의 건강 쪽으로 손을 들었다. 아이들의 얼굴을 바로 보기가 미안하였다. 20년 가까이 싫든 좋든 이어 온 사업체를 정리하던 날, 차마 짐을 꾸릴 수가 없었다. 정 들었던 사람들과 이별의 순간에는 그들의 눈길을 애써 외면하였다. 꼭 건강을 되찾고 자리를 잡아 다시 만나자며 눈물을 감추며 헤어졌다.

모두들 마음먹기가 어렵다고들 한다. 생활이 안정되면 현실에서 벗어나서 휴식을 취한다고 하지만, 그 기준은 애매모호하기 그지없다. '기반 잡히면 결혼 한다'는 노총각의 푸념과 무엇이 다르랴. 물욕이 생기면 생길수록 궁하면 궁할수록 더욱 벗어나기 힘이 드는 것이 우리네 인생살이가 아니던가. 가까운 친구와 이웃 몇몇에게만 작별을 고하고 우리는 도시에서 떨어진 시골로 이사를 했다.
　열심히 산을 오르며 운동을 했다. 생활습관으로 극복하고자 할 심산이었다. 술과 담배도 끊었다. 친구들에게서 연락이 올라치면 갖은 핑계로 둘러댔다. 건강해진 모습으로 다시 나타나고 싶었다. 사정을 모르는 친구들은 사람이 변하면 어찌 된다고 하며 시큰둥해 했다. 본격적으로 관리에 들어갔다.
　눈을 들어 보면 황금물결 들판이 보인다. 뒤로는 어머니의 품 같은 야산들이 병풍처럼 둘러싸여 있다. 아이들을 염려했지만 잘 적응해가고 있다. 환경의 변화에 어려움은 있지만, 아버지를 위해 몰래 속울음을 삼키고 있는 성싶다. 친절한 이웃의 도움으로 텃밭을 얻어 시장에서 몇 천 원이면 살 수 있는 채소도 땀 흘리며 경작했다. "이 어찌 돈과 비교하랴." 그런 단순한 진리에 얼마나 둔감하였던가. 호박꽃이 누른 호박으로 바뀔 때까지 바라보며 지난 삶이 얼마나 무절제했는가를 깨달았다.
　한 번은 그 밭의 푸성귀로 식사를 하고 있는데 이웃에서 놀러와 "이렇게 풀만 먹어서야 되겠나?"며 밑반찬을 만들어 우리 곁에 다가왔다. 태풍도 지나갔다. 애써 가꾼 채소들도 앗아갔다. 그땐 얼마나 가슴이 아렸는지, 길지 않은 시간 동안 인생을 모두 맛 본 것만 같았다. 갑작스런 금연, 금주에 따른 금단현상(禁斷現象)은 평소 갈망했던 글쓰기 공부를 하며 극복하고 있다.

 마음 한 번 바꾸면 이렇게 평화로운 것이다. 과연 무엇을 위해 그렇게 동분서주 했는지 되묻고 싶어진다. 불가에선 스스로 깨달은 자가 부처라고 했다. 마음 한 번 잘 먹으면 되는데 어디를 그렇게 돌아다니다 왔는가. 눈앞의 유혹은 조금만 참으면 될 일이 아닌가.

 건강이 회복되면 도시로 돌아가려고 했는데 그러고 싶지 않다. 비로소 고향에 다시 돌아온 기분이다. 내 마음자리를 두고 어딜 다시 간단 말인가. 손바닥만한 텃밭에 가을걷이를 할 땐 얼마나 흥분되었던가. 산자락 끝에 눈 여겨 봐둔 밭떼기 몇 평도 구입하여 봄이 오면 야생화도 심을 계획이다.

 눈에 보이게 몸이 좋아지고 시골생활에 재미를 붙여 가는 나를 보고, 도시에 살고 있는 친구가 늦은 밤에 술에 취해 전화로 하소연을 하기도 하였다. 욕심을 조금만 낮추라고 하였더니 길게 늘어져있는 끈들 때문에 잘 되지 않는다며 울먹이기까지 하였다. 그런 날은 오랜 시간을 전화기를 놓지 못하고 잠을 못 이뤄 뒤척이곤 한다.

 계절이 다 가기 전에 그들을 집에 초대하고 싶다. 아기배추로 겉절이를 만들고, 새색시 살결처럼 하얀 토란 깎고 들깨 풀어 국을 끓이고, 도토리로 묵을 쑤고, 호박전 부쳐 들판 향기 가득 실어 한

상 차려내고 싶다. 그러면 떠나올 때 "어떻게 살래, 어떻게 살래." 하던 그들은, 연신 '잘 했다, 잘 했다.' 하며 땀까지 훌훌 흘리면서 국을 떠먹겠지. 온 들판 가득 가을의 미소가 넘쳐 나겠지.

돌이켜 생각하면 그 선택의 귀로에 놓였던 터널 앞에서 기수를 돌리지 않았더라면 어떻게 되었을까. 도시의 한 귀퉁이에서 넘어져 허덕이다 결국은 날개가 꺾여버렸을지도 모를 일이었다. 지나간 일들이 파노라마처럼 지나간다.

체중도 많이 빠지고, 관리한 혈압도 거의 정상에 가까워졌다. 의사는 "막힌 수도관이 뚫렸습니다."라며 흡사 자기 일처럼 기뻐해 주셨다. K도 이제 짚고 있던 목발을 벗어 던졌다. 금세라도 다 나은 것처럼 그의 발걸음은 가벼웠다. 오늘따라 유난히 그의 노래 소리가 온 산을 울리며 활기차게 들려오고 있다.

화룡점정(畵龍點睛)이라고 했던가. 미륵봉돌부처님의 눈을 그려드릴 날이 눈앞에 다가온 듯하다

쪽지편지

- s#1 영안실 가는 길

(새벽의 소름을 느끼며 영안실로 가는 어머니, 쓰러질듯 베드를 밀고 가는 아들과 가족들. 그 뒤를 간호사 따라가며 급히 불러 세운다. 쪽지편지 묶음을 건네준다. 그것을 받은 아들 표정이 더욱 일그러진다.)

간호사1: 저기, 잠깐만요.
아들: …….
간호사1: 이거
아들: 아이고, 어머니….

- s#2 저녁식사

(밥상을 앞에 두고, 아들 부부는 숟가락을 들다 말고 걱정거리

를 이야기한다.)

아들: 이번 주에는 무슨 일이 있어도 어머니 모시고 병원에 한 번 가야할 텐데….
아내: 글쎄, 얼굴이 그렇게 부었는데도 당신께서는 가벼운 몸살기라고, 간단히 약을 먹으면 괜찮다고, 병원에 가지 않으시려니 걱정이에요.
아들: 어디 그뿐인가. 관절은 어떻고. 그렇게 다리를 끌면서 두부다, 묵이다, 거기다 밭일까지 하시다니….
아내: 모르겠어요. 왜 저리 사서 고생을 하시려는지 몰라. 같이 살면 모든 게 수월 할 텐데.

- s#3 긴급 전화
(전화기 소리가 유난히 크게 울린다. 순간 불길한 예감으로 아들은 수화기를 든다.)

신도1: 아이고 큰일 났심더. 글쎄 댁의 어머니가 계단에서 내려오시다가 넘어져 응급차에 실려갔심더.
아들 : 뭐라고요, 어느 병원입니꺼?
신도1: 우선 읍내 병원에 갔는데, 응급조치를 해서 큰 병원으로 가야 한답니다.

아내: 어머님이 어찌 됐다고요? 이를 어떻게 해야 하나.

-s#4 읍내병원
(갈팡질팡하며, 옷도 입는 둥 마는 둥 읍내 병원으로 연락을 한다.)

아들: 여보세요, 거기 읍내 병원이죠. 조금 전 뇌진탕 환자 어떻게 됐습니까?
간호사2: 네, 환자가 워낙 위중해서 우리로선 어쩔 도리가 없어서요. 지금 앰뷸런스로 큰 병원으로 출발했습니다. 큰 병원에서 기다리세요. 30분 후면 도착할 겁니다.

-s#5 손녀의 절규
(도시에 있는 큰 병원으로 가고 있는 앰뷸런스 안에서 눈물을 흘리고 있는 열 살 손녀의 모습이 보인다. 어머니 의식이 차츰 사라져 가는 듯 희미하게 눈을 떴다 감았다 한다. 손녀의 손목을 꼭 잡고 있다. 눈에선 계속 눈물이 흐른다.)

손녀: 할머니 죽으면 안 돼. 할머니 죽으면 나는 누구랑 살아, 응. 죽으면 안 돼.
어머니: 울지 마라. 할매 괜찮다. 니 자꾸 울마 내 진짜 죽을 끼다.
손녀: 응, 안 울게요. 할머니 죽으면 안 돼. 알았지.

-s#6 대도시 병원

(초조하게 시계를 보고 서 있는 아들 내외, 병원 문 쪽으로 연신 고개를 돌린다. 이윽고 앰뷸런스 한 대가 소리를 지르며 안으로 미끄러지듯 들어온다.)

아들: 아이고 어머니. 어쩌다가 이렇게 되었습니까. 많이 드시고 일도 조금만 하라고 그렇게 신신당부 했는데…. 이참에 모두 접고 집으로 들어오세요.

어머니: 괜찮다, 머리가 쪼끔 어지러울 뿐인데 와 이리 호들갑을 떨고 이러노?

-s#7 중환자실

(소식을 듣고 찾아 온 다른 자식들과 친척들 병실 문에 줄을 서서 기웃거린다. 환자는 희미한 의식으로 아직은 찾아온 이들을 알아본다. 오는 이들마다 비관적인 말들만 한다.)

어머니: 아이고, 이젠 그만 해라. 누가 죽었나, 그런 눈으로 보지 말거래이.

딸: 봐라, 엄마, 뭐라카더노. 집에 있으며 경로당에나 다니며 편하게 살라고 했더니 이게 무슨 일이고, 아이고 우리 엄마.

신도2: 아이고 아지매. 억지 춘향이 되었네. 그렇게 눈만 뜨면 일을 못 해서 안달복달하더니 차라리 잘 되었소. 이참에 자식들 말 듣고 병원에서 푹 쉬었다 오이소.

-s#8 선고
(가족들을 모두 불러 앉힌다. 침묵이 흐른다. 자식들 모두 긴장된 얼굴로 모여 있다. 의사가 천천히 입을 연다.)

의사: 마음의 준비를 하셔야겠습니다. 지금 환자의 머리에 폭탄이 세 군데나 터졌습니다. 어쩔 도리가 없습니다. 수술을 해도 성공확률이 5%나 될까 말까입니다. 가족들 간에 빨리 결정해 주십시오.
친척1: 본인과 자식들에겐 야속하게 들릴 진 모르겠지만 머리에 칼 대지 말고 편하게 가시게 하는 게 좋겠다. 이런 경우를 여러 번 봤는데 소생하기 힘이 들더라.
딸 : 안됩니더, 아직은 안됩니더. 칠순도 안 된 우리 엄마, 고생만 실컷하다가 그냥 돌아가시게 두마 안됩니더.
친척2: 머리를 열어야 되는데, 그러면 환자를 두 번 죽이는 거 아이가. 내가 아는 한 사람도 목욕탕에서 미끄러져서 뇌진탕으로 결국은 못 일어 나더라.

s#9 머리 깎는 날

(이발사가 어머니의 머리를 깎고 있다. 바라보고 서 있는 자식들 눈물을 흘리며 바라보고 있다.)

이발사: 하이고, 머리 밑이 어쩌면 이렇게 깨끗할 수가 없네요. 스님머리가 따로 없네.
친척1:   말도 마소 우리 언니는 산부처라니까. 예쁘게 깎아주소.
이발사: 며칠 전 팔순 할머니가 머리 때문에 실랑이를 벌이다, 결국 머리를 깎지 않고 퇴원했습니다. 결국 그 할머니 곧 돌아가셨다는 소식을 들었습니다.

-s#10 수술

(수술실 앞에서 초조하게 기다리는 아들과 친척들, 다른 사람들은 '수술 중' 표시불이 연신 바뀌며 회복실로 들어가는데 19시간이 지나도록 어머니의 이름 옆엔 여전히 '수술 중'이다. 이윽고 수술실 문이 열리며 피곤한 모습으로 담당의사 나온다.)

아들: 선생님, 수술 결과가 어떻습니까?
의사: 글쎄요, 아직 이렇다 저렇다 말을 할 수가 없습니다.

-s#11 다시 중환자실

(수술을 마친 어머니는 의식이 전혀 없다. 들어갈 때완 달리 굳게 다문 입, 감은 눈, 아무것도 보지도 말하지도 못한다. 깎은 머리엔 스테플러 자국 같은 퀘맨 표시가 선명하다. 식사시간이 되어도 금식이다.)

    중환자실 저녁 식사 시간에
    죽 들어오고 밥 들어오는데 어머니는 왜 죽도 없고 밥도 없습니까.
    좋아하던 미나리나물 무쳐 올까요, 취나물 삶아 올까요.
    버섯 넣고 두부, 비지 지져 밥 비벼 드시렵니까.
    소태같은 주사약 지겹지도 않으십니까.(-「엄마의 밥상」)

  -s# 12 면회시간

(하루 20분만 허여된 면회시간에 애달파하는 가족들, 연신 눈물투성이다.)

    중환자실 면회시간 20분이 너무 짧아
    손끝부터 발끝까지 모두 만져 보고 싶은데
    손만 만지는데 시간이 다 갔네
    여보세요, 여보세요.
    우리 어머니 눈 얼굴 한 번만 더 만져보게
    시간 좀 더 주세요.
    혹, 그 새 눈 뜨고 날 찾을지…. (-「면회시간 20분」)

  -s#13 의식 불명

(미동도 전혀 없고 가늘게 진동하는 희미한 맥박만 다이아그램에 잡히고 있다. 병실 너머 담장엔 장미가 자지러지듯 피어있다.)

> 담장 하나 사이로 그대는 정상인, 나는 환자.
> 그대는 웃으며 다니지만, 나는 어찌할까
> 조바심으로 이 발걸음 옮겨야 하는데
> 이젠 마음의 준비를 하라고 하는 말에 어찌할까
> 지푸라기 하나, 썩은 동아줄이라도 붙들고 싶은데
> 어머니, 그 감은 눈을 희미하게라도 떠서
> 창문 너머 저 장미꽃 좀 보세요.
> 아직도 안 보입니까. (-「장미」)

-s#14 어린 시절, 그리고 아버지

(17살에 20년이나 차이나는 홀아비에 재취로 시집 온 어머니, 가사엔 전혀 태무심한 아버지는 한 번 집을 나가면 열흘이다 보름이다 집에 들어오지 않고 일상을 술로 보내셨다. 그런 아버지를 보며 어린 아들은 분노를 느낀 적이 한두 번이 아니었다. 8살 때였던가. 추수를 하려고 물구덩이 논에서 나락을 싣고 나와야 했다. 어린아이는 앞에서 당기고 어머니는 리어카를 민다. 진창에 빠진 바퀴는 좀체 나오지 않는다. 아버지는 술에 취해 동네 점방에서 누워 잠들어 있었다. 하루는 학교에 갔다 오니 엄마가 없었다.)

아들: 아버지, 엄마는 어디 갔어예?

아버지:　　　모르겠다. 동네 품앗이 간 모양이제.

(밤이 되어도 엄마는 돌아오지 않았다. 동네를 다 찾아 다녀도 없었다. 그렇게 뜬눈으로 밤을 샜다.)

아들:　　　엄마 찾아 오이소. 아버지 때문에 엄마 집 나갔잖아예. 빨리 찾아 오이소

(학교 가는 것도 그만 둔 채, 남매는 외가가 있는 서산으로 갔다. 장마가 져서 보에 물이 넘쳤다. 그 물을 건너야 외가에 갈 수가 있다. 낮은 곳을 찾아 동생이 먼저 나가다 그만 급류에 휩쓸리고 말았다.)

누나:　　　사람 살려 주이소, 우리 동생 물에 떠내려 갑니더. 제발 좀 건져 주이소.
동네 아저씨: 우얄라꼬, 이 물에 건너 갈라카노, 물 빠지면 얕은 데로 가지.

(소식을 듣고 아버지가 달려왔다. 외가에 가니 엄마는 없고 외할머니만 울면서 반겨주었다. 그 다음날 어머니는 돌아오셨다. 가사가 워낙 궁한 것을 안 시내에 사는 이모가 속옷장사를 한 번 해

보라는 말에 갔다 온 것이었다.)

-s#15 아버지 사망

(일본 태평양 전쟁 때, 탄광에 징용을 갔다 온 아버지, 그 후유증으로 늘 괴로워 하셨다. 그런 당신이 돌아가시던 날 어머니의 손을 잡고 유언을 남겼다.)

아버지: 당신에게 큰 짐만 지우고 가서 미안하데이….
어머니: 가소, 가소 잘 가소. 그런 소리 말고 하늘나라 가선 술
　　　　많이 자시지 말고 잘 사소.
(그동안 살아온 미운 정만 생각해선가, 눈물을 주체할 수조차 없다.)

-s#16 쪽지편지

(아들은 오면 온 듯, 가면 간 듯 미동도 않는 어머니를 바라보며 쪽지에다 편지를 쓰기 시작한다. 편지를 환자침상 손잡이에 돌아가며 붙인다. 노란손수건을 나무에 매달듯 불현듯 벌떡 일어나기를 바라지만 어머니는 내내 말이 없다. 점점 다이아 그램의 불규칙적인 곡선만 바라보며 아들은 가슴만 졸일 뿐이다. 담당 의사와 간호사도 오가며 눈시울을 적신다.)

　개 짖는 소리도 들리지 않는 새벽 세시,
　어디서 철 대문 여는 소리 들렸으랴!

간간이 눈을 붙이려 빈 의자에 앉았지만
훨훨 내 어머니 하늘가는 꿈이 자꾸만 어려
언제 위험하단 소리 들릴지 몰라 두 눈 뜨고 잠을 청해본다.
기약 없는 기다림, 흰 소름 느끼며
사랑하는 사람을 더 사랑하기 위해
미워하는 사람도 사랑하기 위해
중환자실 문은 그렇게 닫혀있다.
어머니, 언제라도 기다리고 있을게요.
저 철문 바람처럼 가볍게 밀고 나오세요.   (-「중환자실」)

-s#17 막내아들
 (아버지의 역마살을 이어받았는가, 막내아들은 좀체 정신을 못 차리더니 결국 딸아이 하나를 두고 이혼을 했다. 아이를 어머니에게 맡기고 동가식서가숙하며 다니다 어떻게 소식을 듣고 찾아 온 막내아들, 엄마의 병상에 엎드려 흐느낀다. 하지만 그렇게 애타게 기다리던 어머니는 돌아 온 막내아들을 알아보지도 못한다.)

막내아들: 엄마, 내 왔어요. 그렇게 애만 먹이던 막내가 왔는데도 왜 몰라봅니까. 인제 정신 차릴 테니 제발 눈 좀 떠 보세요.

-s#18 어머니 사망
 (수술을 받고 열흘이 지난 새벽, 무심한 다이아그램은 일직선을 그었다. 그렇게 어머니는 한 많은 생을 접으셨다.)

우리 어머니 수술 받고 열흘 만에 산소호흡기 떼라니
날 배고 열 달 동안 가슴 졸이시다
날 낳고 천하를 다 얻은 듯 그리 좋아하시고
사십 년 넘게 걱정만 하시다가
이제 걱정 좀 들려는데
이제 그 은혜를 갚아볼까 하는데
열 달도 아니고 열흘 만에 먼 길 떠나가신다네.
어찌 하라고, 이 못난 불효자식은 어찌 용서 받으라고
그렇게는 못 합니다. 그렇게는 못 합니다.
하늘도 무심하시지
우리 어머니 눈 좀 뜨게 해 주이소.　　(-「불효자는 웁니다」)

-s#19 노제

(어머니가 계셨던 절에 영구차로 가 노제를 지냈다. 이웃 사람들이 모여들었다. 추적추적 비가 흩뿌리고 있었지만 누구 하나 돌아가지 않았습니다. 아들은 어머니가 기거하시던 절 뒤란에서 마지막으로 긴 편지를 쓴다.)

신도2:　평소 성치 않은 몸으로 일을 해서 불교방송이다, 동네 경로당에 성금까지 줬습니다. 살아있는 부처님이셨습니다.
신도3:　어느 날 쌀독에 쌀이 떨어진 것을 보았습니다. 남들 돕는 것도 중요하지만, 내 먹을 것은 있어야 할 것이 아니냐며 자식들은 다 무얼 했느냐고 따졌답니다.

신도4 : 고별사

　　무심한 봄바람에 꽃잎 피다가
　　헛되게도 그 바람에 지고 맙니다.
　　피다가 지는 것이 꽃뿐이겠습니까?
　　새빨간 청춘도 잠깐이라니
　　서럽지 않은가요, 우리네 인생
　　회자정리에 생자필멸은 이정지사
　　정녕 가시는가요.
　　그토록 좋은 건강과 마음씨는 누구에게 위임하고
　　한 번 가면 다시 못 올 길을 가시는가요.
　　원통하고도 불쌍 천만이요,
　　오호, 애달프고도 원통한 울음소리요.
　　인생 자체를 허공에 뜬 한 점의 구름이라 했음을
　　사람의 한 평생 오래고 짧은 장단의 차가 있사옵지
　　어차피 누구나 한 번은 가야할 길
　　이성지성 생사가 같다고 하였으니
　　여한을 거두시고 길이 고이 잠드소서.
　　앞서 가신 길 부디 안녕하시고 조만간 우리들도 모두
　　그곳에서 만날 터이니 좋은 지도 바라옵니다.

　　-s#20 평토제
　　(비는 억수처럼 쏟아진다. 비닐을 사방으로 쳐서 하관을 한다. 평토제를 지내며 축문대신 마지막 편지를 읽는다. 모여든 조문객들도 눈시울을 적신다.)

어머니, 뽑아놓은 상추가 비에 잘 씻겨 있데요. 뒤란에 심은 감자들도 보라향기 내는데 그 먼 나라 어찌 가시렵니까.

당신이 가시는 그 먼 길이 너무 서러워 하늘도 눈물을 흘리고 있습니다. 사랑하는 이를 보낼 때는 소리 내어 울지 말라고 하던데 자꾸만 흐르는 걸 어찌합니까.

허기진 배를 웅크리고 일곱 계단 내려오다 넘어지실 때 무지개는 보셨나요.

돌아오지 않은 막내아들 생각했나요.

열일곱 나이에 아버지 같은 남편을 모시고 그 가슴에 맺힌 한을 생각했나요.

수술하기 전에 "야야, 얼음물 좀 도고, 금방 냉장고에서 꺼낸 피 같은 수박도 좀 도고. 멀쩡한 나를 눕혀놓고 와 물도 안 주노, 내 아직 할 일 많다. 고추장도 한 숟갈 도고, 맥힌 속 확 뚫게 시퍼런 칼 좀 도고. 내 목 잡고 있는 영감 손 좀 놓아 달라 해도고."

그러곤 기어이 눈을 감으십니까.

앞산 뒷산 지청구 나물, 능소화 피는데 어머니 누워서 뭘 하십니까. 외갓집 서산 동산에 버드나무 이파리 저리 오라 손짓하는데 그 바람소리 들으러 훌훌 무거운 짐들일랑 벗어 버리고 내 손 잡고 어서 가십시다. 울다가 깜빡 잠드니 훌훌 옷 다 벗으시고 울 어머니 하늘가실 준비를 하네. 산소기 뗀다는 하늘이 무너지는 소리에 어쩔까, 울 어머니 홍안은 어디에 가고, 덜 익은 호박색이네. 그 얼굴 두 손으로 덮고 헝클어진 머리카락 바로 해 드리니 "인자 됐다, 울지 마라. 내 부처님 전으로 떠나갈란다."시며 엷은 미소 지으시네. 어머니, 당신이 가시는 그 먼 길. 이젠 편히 눈 감고 사랑하는 사람만 생각 하세요.

  걱정 마세요, 당신께서 다 못하신 평생의 업보를 제가 다 짊어질 테니 부디 부처님 전에 가더라도 굽이굽이 바라보고 지켜 봐 주세요. 어머니, 그 먼 나라 혼자 가시기 멀거들랑 더러 쉬었다 가세요. 이제야 당신의 그 뜻을 깨달은 자식들 부디 용서해 주시고 가소서. 사랑합니다. 사랑했습니다. 어머니, 엄 - - - - 마.

5. 덫

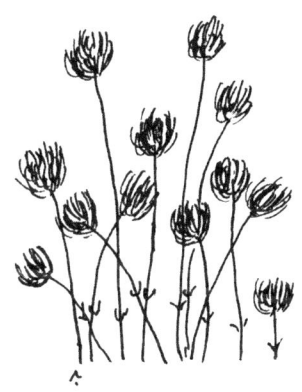

· 유 혹
· 가스통을 멘 남자
· 세 아이의 만원버스 타기
· 덫
· 어떤 설전(舌戰), '임마'
· 2인 1조
· 미완의 삽화
· 중앙로역에 서서
· 추락, 그 미완의 아우성
· 함 정

유 혹

식품광고를 보다. '이 상품을 취득하게 된 경위를 말씀해 주시면 채택하여 소정의 상품을 드리겠습니다.'라는 실례의 문구를 적어 두었다. 이 물건을 이웃의 소개로 알게 되었다. 왜 품질이 다른 것에 비해 우수하다고 말하지 않았을까. 궁금해서 그 물건들을 샀다. 경험해 보았다. 처음에는 몰랐다. 왜냐면 기존 다른 것들과 별반 차이가 나지 않아서였다. 생필품이래야 거의 대동소이하다. 더군다나 매일 밥 먹듯 사용하고 있는 그것의 진가를 잊고 있는 것이다. 그런데 그 물건들을 쓸수록 광고에 나와 있는 문구가 자꾸 눈에 거슬렸다. 이상하다. 나 같으면 타사제품에 비해 품질이 월등하게 우수하다고 할 것이고 유명인의 얼굴을 클로즈업 시킬 것인데, 그들은 자꾸만 주위의 사람들과 비교만하고 있다. 저 이보다 내가 나아야지하며 흡사 싸움을 붙이듯 하여 사게 만든다. 그런데 며칠 후 그 광고는 바뀌어져 있었다. 이번엔 상대방 소개자가 소개해 주었다. 오히려 소개해준 사람을 원망하듯 경계하고 있다. 그 사이 사용하고 난 빈 껍데기들은 쌓여갔다. 비 끝에 떨어진 접시꽃과 모양이다. 희고 붉은 꽃송이들이 여기저기 흐트러져있는 모습, 달려있을 때는 그저 예쁘고 괜찮다고 생각했는데 꽃잎의 귀퉁이가 떨어져 나가 부러진 모습을 보니 슬펐다.

처음 그 물건을 보았을 때 바라보던 충동적인 욕구와 떨어진 꽃잎 사이에 묘한 전율이 흘렀다. 어떻게 보면 사용자는 '제로섬 게임'에 접근하길 노렸고, 나는 거기에 질세라 마음을 빼앗기는 척 했을 뿐, 아무것도 아니었다. 돌아보니 그 회사제품은 일회용 물건처럼 이리저리 굴러다닐 뿐이었다. 순간적인 선택 뒤에 휘몰아 다니는 군상들. 어디에 마음을 둘까 외롭게 흔들리는 붉고 흰 마음, 그것이 되어 너와 나는 흔들리고 있었다. 그 사이에서 나는 바보처럼 비틀거렸다. 제조회사는 계속 혀를 날름거리고 있었다. 나는 희멀겋게 바라보고만 있었다. 저걸 또 집어야하나, 말아야 하나.

가스통을 멘 남자

 '오뉴월 더위에는 암소 뿔이 물러 빠진다.'고 했던가. 본격적인 여름 날씨가 오지도 않았건만 오늘은 유난히 햇볕이 따갑다. 시커멓게 탄 팔을 보며 모자를 눌러쓴다. 오늘은 시작부터 가정집 배달이다.
 다리가 후들거려 더 이상 올라갈 수가 없다. 내용물 20킬로그램, 통 무게 22.8킬로그램의 무게다. 이제 겨우 이층이니 아직도 삼층을 지나 옥상까지 가야 한다. 어깨에 멘 가스통과 그대로 계단에 굴러버릴 것만 같다. 수십 명의 사상자를 낸 폭발 장면이 주마등처럼 스쳐 지나간다. 조금 쉴 요량으로 서 있으니 무게는 더욱 중압감으로 다가온다.
 '어, 이럴 리가 없는데. 어릴 적엔 나무지게도 많이 졌고, 요즘은 산행할 때도 남들에게 처지지 않고 곧장 따라 붙는데….'

급하게 내릴 수도 없다. 가스통 내리는 소리는 일층까지 울려, 놀란 이들이 맨발로 올라오는 경우도 종종 있단다. 다세대 주택의 옥상엔 가스통들이 열병이라도 하듯 죽 늘어서 있다. 바라보고 있자니 현기증이 몰려온다.

"얼마나 하실 겁니까?"

일을 시작한 지 며칠 되지도 않았는데 그렇게 내게 물었다. 이 얼마나 나를 참혹하게 하는 말인가. 그가 알 리 없었다. 앞 사람들은 3, 4일을 버티지 못했다고 했다.

"힘닿는 데까지 해야죠. 일을 할 수 있는 것만도 어딘데."

배달 경력 십년 차인 김기사의 굳은살 박인 손끝에는 두 번째 담배가 들려있었다. 그가 천 원짜리 지폐 한 장을 내밀었다. 3층, 옥상까지 배달하는데 따라붙는 가스기사 수고비란다.

생활정보지 구인란엔 수많은 사람들을 찾고 있었지만 내가 비집고 들어갈 만한 곳은 없었다. 처음 얼마 동안은 지난 경력을 생각하며 전공과 관련된 분야에 이리저리 전화를 넣어보았지만 번번이 퇴짜였다. 몸에 맞는 옷을 고르는 것이 아니라 옷이 나를 고르는 격이었다.

'당신 실수했어. 아까운 인재 한 명 놓쳤단 말야.'

쓸데없는 호기를 부려보았지만, 눈을 씻고 봐도 오십이란 나이를 반겨주는 곳은 어디에도 없었다.

순간 눈에 번쩍 띄는 것이 있었다.
'가스배달부 급구! 나이 제한 없음!'
'그래, 바로 저거야.'
　공고 기계과를 나와 그 분야에 전혀 문외한은 아니지 않은가. 벌써 삼십 년 전 일이었다. 그때 다른 친구들과 같이 대기업에 계속 근무했더라면 지금쯤 어떻게 되었을까. '군대 면제, 외국 파견 근무, 안정적인 보수….' 어느 것 하나 부족함이 없는 곳이었는데, 아픈 기억 하나가 결국 전공을 바꾸게 한 계기였다.
　그날 아침도 여느 때와 같이 출근하여 작업 준비를 하고 있었다. 쇠를 만지는 직종이라 안전모와 안전화 착용은 필수였다. 며칠 전 철야 작업 중, 졸다 그라인더에 정강이를 갈린 상처가 계속 욱신거렸다. 조금만 정신을 팔아도 곳곳에 엄청난 위험이 도사리고 있었다. 일을 시작하려는 순간이었다. 천지가 무너지는 듯한 굉음이 들렸다. 엉겁결에 납작 엎드렸다.
　불과 십여 미터 떨어진 옆 작업장이었다. 수십 미터 길이의 작업 중이던 탱크가 눈 깜짝할 사이에 엿가락처럼 휘어져 있었다. 불과 수분 전까지 아침인사를 나누었던 동료가 그 안에 들어가 있었다. 끔찍한 일이었다.
　두꺼운 철판은 바로 용접이 불가능하다. 프로판 가스로 예열하고 철판이 어느 정도 달구어진 후에야 비로소 가능한 일이다. 앞 근무자가 부주의로 그만 가스 밸브를 완전히 잠그지 않은 게 화근이었다. 새어나온 가스가 바닥에 깔려있었지만 교대자는 이를 알 리 없었다. 용접 스파크를 일으킨 것이었다. 그날 이후 가스통만 보면 나는 몸서리쳤다.

"일부러 충격을 가하지 않는 이상 가스는 절대 안전합니다."

사장님의 목소리가 귓전에서 윙윙 거렸다. 양손으로 가스통 두 개를 돌리며 옮기는 모습이 멋있어 보이기까지 했다.

일을 시작한 지 며칠 지나지 않았는데 몸이 저린 것은 둘째였다. 곳곳에서 아는 사람들을 만나는 일은 피하기 어려웠다. 한 번은 이웃에 살고 있는 이가 서툴게 가스통을 옮기는 것을 보고 고개를 갸우뚱하며 아는 체 해 왔다. 아는 형님이 일이 바빠 잠시 도와주고 있다고 얼버무렸다. 식당에서도 그랬다. 멀쑥하게 차려입은 후배가 동료들과 식사를 하고 있었다.

'하필이면 이럴 때 나타날 게 뭐람….'

얼른 모자를 눌러썼다.

"여보, 할만 해요."

집에서 전화가 왔다. 제일 먼저 반대한 것은 아내였다. 가스배달은 젊은 사람들도 하기 힘든 일인데, 좀 더 수월한 일을 찾아보자고 몇 번이나 말리던 터였다. 그리곤 아직도 능력 있는 사람이 일할 자리가 마땅찮다는 현실을 비난하기도 했다. 평균수명은 자꾸 길어만 지는데 남은 수십 년 동안을 어떻게 보내야 하느냐며 걱정까지 했다. 해답을 찾아야 할 그 부류 중에 내가 서 있었던 것이다.

잘 나가는 사업을 하다 어느 날 찾아 든 병마, 지나친 스트레스가 원인이었다. 담당의사는 후일을 위해 당분간 모든 일을 접으라고 덧붙였다. 거머리처럼 달라붙은 집착증, 게서 일을 놓으면 그동안 쌓아올린 탑들이 일시에 무너져 버릴 것만 같았다. 하지만 중년에 다가온 고비를 넘기지 못해 오래도록 후회하는 이들을 자주 보아온 터수였다. 우선 건강을 되찾는 일이 급선무였다.

 회복하는데 꼬박 4년이 걸렸다. 일을 다시 시작해야 했다. 그동안 재기하기 위해 수없이 발품을 팔았다. 어제의 동료들을 찾아가 애원하기도 하였지만 그리 녹록치 않았다. 전날의 영광은 하룻밤 기와집 짓기에 불과했다. 텅 빈 고독만이 버리지 못한 탐욕 뒤에 도사리고 있었다. 허명의 옷을 벗고 무너진 모래성을 다시 쌓아야만 했다.

 교체된 빈 가스통은 비단옷처럼 가벼웠다. 이 무게로는 삼층, 옥상이 아니라 십층이라도 갈 수 있을 것 같았다. 헛된 욕망 하나 버리고 나니 이렇게 가벼운 것을 무에 그리 중하다고 비곗덩어리처럼 달고 다녔던가.

 주먹을 불끈 쥐고 알통을 만들어 본다. 의욕만큼 근육에 힘이 가해진다. 바람 몇 점 휙 지나간다. 아직은 봄이다. 날씨도 선선하니 모자도 벗어야겠다.

세 아이의 만원버스 타기

　세 아이가 버스를 탔다. 대여섯 살짜리 연년생으로 보이는 딸아이 둘이 먼저 타고 밑으로 서너 살 되어 보이는 사내아이는 엄마 손을 잡고 올랐다. 퇴근과 하교시간이라 버스는 학생들까지 가세해서 만원이었다. 아이 엄마는 아직 어려 보였다. 아이의 손을 잡고 있지 않다면 책을 끼고 있는 대학생들과 구분할 수 없을 정도였다.
　"집에 있어라 했는데, 왜 따라 나왔니?"
　엄마가 소리를 질렀다. 좌석손잡이를 탁탁 쳐가며 목소리를 높였다. 연이어 어떤 직격탄이 또 쏟아질지 모를 일이었다. 앉아있던 여학생 둘이 서둘러 일어났다. 일시에 좌석 두 개를 확보했다. 재빨리 자리를 차지한 아이들은 서로를 바라보며 미소를 지었다.
　승객들은 엄마의 얼굴과 세 아이를 번갈아 바라보았다. 묘한 정적이 흘렀다. 엄마와 아이들은 그런 시선엔 전혀 개의치 않아 보였다. 아이들이 복잡한 버스를 파고드는 것을 보니 이미 처음 겪는 일은 아닌 듯했다. 그들의 얼굴엔 짜증은커녕 무엇이 그리 재미있는지 연신 재잘대고 있었다.

 예전에 부모들이야 많이 낳아도 제 밥벌이를 한다고 자식을 보통 다섯 이상 낳았다. 위의 형과 언니가 동생들을 돌보며 티격태격 싸움도 하면서 잘도 자랐다. 그래서 그런가. 유난히 눈물도 많았고 정도 많았다. 부모님이라도 돌아가시면 옛 일들을 되뇌며 서러워하곤 했다.

 텔레비전에서 보이는 이산가족은 비일비재한 일이었다. 식모살이, 양자, 독한 마음을 품고 새벽에 고향을 떠나는 이들이 모두 그런 일들이었다. 그렇게 헤어졌다 만나면 제일 먼저 할 말이 무엇이겠는가. 그동안 살아왔던 역경들을 되뇌며 이제는 모두 잊고 옛날이야기하며 살자고 부둥켜안는다. 한 편의 드라마들이다.

 요즈음 신혼부부들은 아이를 많이 낳으면 자식에게 노예라도 되는 듯 출산을 거부한다. 심지어 스타일 구겨진다고 임신을 않는다고도 하니 실소를 금치 못하게 한다. 아이 하나 키우는데 몇 억이 든다느니 지레 겁을 먹는다.

 '새끼 많이 둔 소 길마 벗을 날 없다.'고 했던가. 자식으로 인해 자신을 희생하기 싫다는 말이다. 정보다 이해타산을 먼저 따지는 세상이다. 그러니 아이를 낳아 키우는데도 이해타산을 먼저 따지는 것 같아 야박하게만 보인다. 자동차를 구입해서 유지하는 비용과

연식을 따지는 것과 무엇이 다르랴. 조금 지나면 헌차가 되고 폐차가 되는 일, 사람들 살아가는 일상에도 공공연히 그런 일들이 자행되고 있다.

　잘 키웠건 못 키웠건 나도 두 딸과 아들 하나를 두었다. 위로 둘은 대학을 마치고 자기 일을 하고 있으니, 키우는데 반 이상은 경비를 줄였다고 할 수 있다. 막내가 공부를 아직 하고 있어 주위에선 하나만 남았다고 허리 펼 날 얼마 남지 않았다고 한다. 과연 그렇겠는가.

　나의 세 아이 키우기는 어쩜 영원한 짝사랑이었다. 아이를 키우며 내 마음 먹은 대로 된 적이 한 번도 없었다. 흡사 고집 센 황소의 고삐를 억지로 당겼지만 딸려오지 않으려고 버티는 식이었다. 그런 나를 보고 욕심이 지나치다고 주위에선 늘 이야기 하였다. 저기 젊은 엄마의 지혜로 키웠다면 덜 서운하지 않았을까 생각해 본다.

　이윽고 아이들이 내릴 준비를 하는가 보다. 엄마의 눈짓 한 번에 두 딸 아이는 손을 잡고 생글거리며 출입구로 향했다. 그런 엄마는 흡사 남의 아이들처럼 거리를 두고 막내 아이 손만 잡고 있었다. 그렇다고 예전에 부모들처럼 업고 안고 한 손에는 보따리를 들고 가는 서글픈 모습은 어디에서고 찾아볼 수 없었다. 차에서 내린 그들은 서로 손을 잡고 웃으며 인파 속으로 빨려 들어갔다.

　그들 나름대로의 만원버스 타기 전략인가 보다. '부딪히면서 자란다.'는 말이 있듯 아이들도 나름대로 보조를 맞춰갈 것이라는 생각이 든다. 어쩌면 젊은 엄마는 일부러 러시아워에 아이들을 데리고 나왔는지 모른다. 그도 저도 생각 않고 자기 밥벌이는 스스로 할 것이라는 막연한 옛날 생각보다 한발 앞선 아이 키우기 방법이 아닌가. 우리네 할머니 이상의 지혜를 보는 듯했다.

깍쟁이 같은 젊은 엄마, 면전에 대고 육아법을 묻는다면 그녀는 분명 이렇게 말할 것 같다.

'아이 키우기 뭐 있어?'

이 정도면 아이 셋이 아니라 네댓은 더 낳아 기를 지혜가 생기지 않을까.

가면 갈수록 가족의 구성원이 깨어지는 현실, 자라면서 엄마의 꾸중을 피해 바람막이가 되어줄 형제자매가 그리운 그런 날이 벌써부터 도래했다. 인파 속에 섞여버린 엄마와 아이들의 웃음소리만 어둑한 하늘로 퍼져나가고 있는 듯했다.

덫

"걸렸다!"

구경꾼들의 환호성이 터져 나왔다. 얼추 봐도 한 자는 족히 넘을 잉어였다. 그런데 이상했다. 고기는 입에 물린 것이 아니라 등과 꼬리에 걸려 옴짝달싹 하지 못하고 있었다. 지금은 낚시를 하기에 적합지 않은 늦가을이다. 역류하던 물고기들도 겨울나기를 준비하기 위해 움직임이 둔해지는 계절이다. 하건만 웬걸 넓지 않은 시골 변두리 저수지에 도시에서 온 낚시꾼들로 성시였다.

그동안 하릴없이 바빠 이사온 지 일 년 가까이 동네구경 한 번 제대로 하지 못한 터수였다. 오늘은 마음먹고 곳곳을 완보로 돌아보던 중이다. 집에서 그리 멀리 떨어지지 않은 저수지다. 기껏 경운기나 지나다니고, 들에서 일하던 이들이 잠시 다리쉼을 하는 곳이다. 저수지엔 물이 거의 빠져 겨우 명맥만 유지하고 있었다.

한때는 가득했던 수심이었다. 천천히 물가로 내려간다.
 고기를 낚는 품새부터가 달랐다. 미끼가 보이지 않았다. 금시라도 낚아챌 듯 바깥 방향으로 뻗은 바늘은 흡사 우물에 빠뜨린 두레박을 건지는 갈고리 모양이었다. 그걸 물에다 던져 휘휘 젓고 있었다. 방해가 된다고 접근조차 막았다. 고기들은 선택의 여지가 없다. 숫제 씨를 말릴 작정이었다. 이보다 더 야비한 덫이 있었던가. 먹이를 찾기 위해선 어디든지 움직이는 덫. 동물적 본능으로 최악의 상태까지 와 버린 것이다. 그들의 얼굴에서 동정과 연민의 정은 어디에고 찾아볼 수 없었다.
 낚시는 손맛이라고 하지 않는가. 물 밖으로 매달려오다 발버둥이치며 떨어지기도 하고 다 잡은 고기를 놓치기도 한다. '놓친 고기는 더 크다.'며 낚시예찬론을 펴기도 한다. 그런데 그들은 그런 것엔 안중에도 없는 듯했다.
 물속에 천재지변이 일어난 격이었다. 그때 다급한 물 속 이장의 목소리가 동네방송을 통해 들려오는 듯했다.
 "아아, 동민 여러분 긴급사태입니다. 지금 물 밖에서 웬 불한당들이 와서 동네 사람들을 무자비하게 잡아가고 있습니다. 외출한 아이들은 바위산에 숨고, 물일 나간 이들은 바닥에 납작 엎드리고 어두워 질 때까지만 기다리세요."
 비상 사이렌도 울리는 듯했다. 간간이 들리던 실종사건과는 전혀 차원이 달라 보였다.

'훌치기낚시'였다. 가뭄으로 인해 저수지에 물이 말라가고 있는 것이 원인이었다. 물이 빠졌다는 소문은 삽시간에 퍼졌다. 어느 구석에 있다가 왔는지 굶주린 늑대 같은 인간들이 모여들었다. 악랄하게 바닥에 엎드려있는 고기까지 잡으려고 추를 무겁게 달아 훑어내기까지 했다.

새끼 붕어도 걸려나왔다. 필시 영문도 모르고 나다니다 걸려들었을 게 분명하다. 얼마나 고통스러웠으면 동공이 단풍 색으로 변해 있었다. 꾼은 '재수가 옴 붙었다'고 투덜대며 지느러미에 박힌 바늘을 통째 뜯어내더니 풀밭으로 던졌다.

어릴 적 우리 동네에도 오랫동안 자리를 잡고 있던 저수지가 하나 있었다. 인근 마을까지 농업용수를 제공해 주는 젖줄이었다. 여름에는 멱을 감고 겨울에는 얼음지치기를 하며 동네 조무래기들은 사시절 그곳을 중심으로 자랐다. 그곳에도 가뭄이 심하게 들 때는 저수지에 물이 말라 고기를 잡을 때가 있었다. 하지만 그땐 숭숭 뚫려 아이들의 주먹이라도 들어갈 어구를 사용하였다. 작은 고기라도 잡으면 수염이 허옇게 나신 할아버지들이 둑에서 지켜보다 다시 놓아주라고 경을 치던 기억이 아직도 생생하다.

돌멩이 하나 던지지 못했다. 위험 신호로 기별을 보낸다고 해서 알아채고 도망을 갈 입장도 아니지 않은가. 혹여 내가 던진 돌멩이로 인해 기껏 엎드려 있는 고기가 놀래 설치다, 애먼 바늘에 걸리기라도 하면 어쩌겠는가. 그렇다고 무자비한 패들에게 달려들어 대적하기엔 혼자의 힘은 턱없이 부족하였다. 그들은 오직 한 가지 목적만을 위해 눈에 독을 품고 있었다. 내가 할 수 있는 일은 덫에 걸리지 않길 비는 것뿐이었다.

상대의 약점이 보이면 철저하게 무너뜨리는 세상이다. 오직 자신의 이익만을 위해 살아가는 세태. 그들 사이에도 덫을 휘두르고 있는 족속들은 부지기수다. 오직 자신의 욕망만을 위해 아무리 가까운 사이라도 서슴없이 내두르고 있다. 자기들이 파 놓은 덫에, 자기들이 걸려 꼭두각시놀음을 하고 있는 국민들의 대표들은 또 어떤가. 앞서 있는 이들의 행세가 이러니 사회전반에 만연되어있는 덫은 어떻게 감당을 하는가. '눈 가리고 아웅!' 하는 식이다.

분명 물속에서도 다가 올 겨울을 걱정하는 이들도 있고, 진흙 바닥에서 한숨을 쉬고 있는 실직자들도 있을 것이다. 그들은 자꾸만 사라져 가는 삶의 터전을 보며 얼마나 냉가슴을 앓고 있을까. 엎친데 덮친 격으로, 더 이상 숨을 곳이 없다는 걸 알아챈 인간 사냥꾼들까지 눈을 희번덕거리며 찾아왔던 것이다.

풀밭을 뒤져보았다. 이곳저곳에 등과 꼬리가 찢겨진 채 널브러진 어린 물고기, 눈조차 감지 못하고 나를 흘겨보고 있었다.

"미안하다. 너희들을 지켜주지 못해….'

며칠 뒤 비가 내렸지만, 많은 양은 아니었다. 갈바람 몇 점 저수지 물을 때리며 지나고 있었다.

어떤 설전(舌戰), '임마'
- 연극「관객 모독」-

 "어두운 곳에서 밝은 곳으로 바라보는 너희들은 유리한 입장이 아니야. 여기에서 무엇을 바라지 말란 말야."
 "시끄러워, 임마!"
 엉겁결에 튀어 나온 말이었다. 뻔뻔하게 생긴 배우 몇 명이 나오더니 다짜고짜로 관객을 행해 해대는 품이 건방지기 짝이 없었다. 그래 나는 자리에 앉아서 추임새를 넣듯 '임마!'를 넣었다.
 "너희들 인격은 중요하지 않아. 단지 연극 대상일 뿐이야."
 "뭐라고 지껄이는 거야, 임마."
 "무엇을 기대하러 온 것은 우리들이야, 너희들 스스로가 주제야. 스스로 답을 구하고 소재와 주제를 구해봐. 너희가 공연의 주인공이야."

"무슨 귀신 씨 나락 까먹는 이야기를 하는 거야, 임마."

나는 공연시간에 늦을까 식사도 하지 않고 집을 나섰다. 흡사 의무감처럼 편의점에서 삼각김밥을 사서 입에 꾸역꾸역 집어넣었다. 먹다보니 비닐까지 씹히고 있었다. 삼각김밥의 해체법은 아무리 해도 헷갈렸다. 빨대도 없이 바나나 우유를 뜯어 마시다가 옷에 질질 흘렸다. 이럴 줄 알았다면 서두르지 않았어도 되었는데, '관객 모독'. 제목부터 마음에 들지 않았다.

"성기를 7밀리미터만 오른쪽으로 돌려 봐."

"꽉 낀 청바지를 입었단 말야, 임마."

"빨리 조명을 어둡게 해 봐."

"시키지 마 내가 알아서 할 거야, 이젠 지쳤어. 그런 상투적인 스토리에는 신물이 났단 말야, 임마."

이렇게 그들은 등받이에 네모난 구멍이 뚫린 의자를 들고 들어와 '용용 죽겠지'라며 약을 올리고 있었다. 그때 피골이 상접한 듯한 감독이 나타났다. 아이들이 무서워했던 '파란해골 13호' 같았다. 이와 동시에 경찰차 사이렌소리가 들렸다. 모두들 그를 데려가길 원했지만 소리만 멀어져 갔다.

"왜 자꾸 있었던 것만 요구하는 거야. 현실의 모험은 싫어하는 거지. 미래는 찬란하다니까."

"이젠 그런 현학적인 놀음으로 우리들의 시간을 빼앗지 마, 임마."

"너희들은 무엇을 얻으려고 여기를 온 거야. 자리도 듬성듬성 비어있고, 뭐 예술이고 문학이고 뭔지 알기나 하고 여기 온 거야. 관람료가 아까워."

"빈곳만 쳐다보지를 마. 모두가 돈으로 밖에 보이지 않는 거야, 임마."

갑자기 온몸이 근질거리기 시작했다. 개미가 여기까지 따라왔나. 손이 닿지 않는 등줄기 어디쯤에서 스멀스멀 거리며 뭔가 기어 다니는 것 같았다. 내 팔은 그 부분까지 닿지 않았다. 대신 긁어 줄이가 있을 리 만무하여 의자 등받이에 대고 비벼댔다.

"이 연극은 절반은 희극이고 절반은 비극이야. 그래 너희들에게 보여줄 게 별로 없어."

"그런데 왜 시작을 한 거야, 임마."

그들은 갑자기 울기 시작하더니, 곧 의자에 머리를 대고 웃기 시작했다.

"그만 해, 뭘 잘했다고 그래. 그렇게 우릴 모독하고 너희들이 잘 될 것 같아. 너희가 슬퍼하다가 즐거워한다고 우리를 대신할 것 같아. 요즘 아버지들은 더 이상 집으로 들어가지 못하고 이 엄동설한에 지하철 바닥에서 웅크리고 떨고 있고, 중소기업 사장들은 공장을 떠나고, 학생들이 투신하고, 군인들이 왜 자기 동료들에게 총질을 하는지 알긴 알아. 더 이상 험한 소리 듣기 싫으면 무대에서 그만 내려가. 더 할말이 있어. 좋아 이왕 왔으니 한 번만 더 기회를 주겠어. 하나 더 해 봐, 임마."

"너희들은 오늘 저녁 우리의 대상 밖에 되지 않아. 소재의 제시에만 불과하다구. 알았어?, 이 쓸개 빠진 곰들아. 이 따귀를 한 대 치고 싶은 위장된 인간들아. 이 세상에서 버림받은, 콩나물 대가리 같은 놈들아. 욕을 들으니 속이 어떠냐. 이 경제의 도둑들아."
"얼씨구, 적반하장도 유분수지. 그래 맞다, 맞아. 이 세상 돌아가는 꼴들을 욕이라도 해주니 고맙다, 고마워. 임마."
"요즘 살기가 어때, 힘들지. 아파트 한 채 살려면 평생 벌어도 안 되지. 알아! 잘 사는 놈들은 더 잘 살고 못 사는 놈들은 매일 죽어 나가고, 그러면 더럽게 치부하며 잘 사는 놈들은 어떻게 해야 되지."
"같이 죽여야 된다. 임마."
"어떻게 죽일까, 요즘 영화에 나오는 거 있잖아. 분홍신 신겨 다리 잘려 죽게 할까? 텍사스 전기톱으로, 아님 바늘로 폭폭 찔러 기절부터 시키고…. 그럼 됐어? 이 더러운 세상 모두 드러난 거야? 이젠 다 만족한 거야."
"그래도 성이 차지 않는다. 임마."
 왠지 그들의 욕이 듣기 싫진 않았다. 참 희한한 놈들이 와서 사람 복장을 뒤집고 있다. 그런데 그들은 빙글거리며 다가와 "너희들은 더러운 것을 먹고 옮겨 다니는 병균들이야"라며 파리약을 치기 시작했다. 이리저리 몸을 피하며 들고 있던 팸플릿을 던졌다. 급기야 그들은 물까지 퍼부었다.

"아이, 차가워. 알았어, 그만 해. 임마."

　내 오래된 관념들이 비로소 꿈틀거리기 시작했다. 한동안 자리에서 일어 설 수가 없었다. 후줄근히 처진 이마 사이로 땀인지 물인지 연신 흘러내리고 있었다.

2인 1조

 "그렇게 하는 게 아니에요."

 그의 목소리가 높아졌다. 순간 당황하여 들고 있던 제품을 떨어뜨릴 뻔하였다. 무슨 말을 하려고 입을 몇 번이나 달싹거리더니 결국 오늘 터진 것이다. 그와 나 사이의 침묵은 그렇게 종지부를 찍고 말았다. 간단한 눈인사만으로 지낸 지난 일주일, 이제 나에 대한 파악이 끝났단 말인가.

 상대는 입사한 지 나보다 3개월 정도 빠르지만 다섯 살 어린 친구였다. 물론 자기는 나이 많은 내가 버거운 상대였는지도 모른다. 하지만 혼자서 하는 일이 아니라 둘이서 해야 하는 일이기에 선택의 여지가 없는 것을 그도 나도 잘 알고 있는 터였다. 회사에서 시키니 그대로 받아들여 상대방의 성향도 모른 채 적응해야만 했다.

 생면부지의 사람을 만나 상대를 하다 자기와 코드가 맞으면 쉽게 친해지고 그렇지 않으면 무덤덤한 사이가 되어버리는 것이 사회 생활을 해 나가는 방편 중의 하나이다. 혈연이나 지연으로 맺어지는 경우엔 서로가 쉽게 접근이 되지만 일을 한 만큼 보수를 받는 직장에서 만나는 경우는 그와는 완연히 다르다.

흔히 사회에서 만난 동료는 십 년, 아니 그보다 더 차이가 나도 관계가 소원해지는 경우가 많다. 특히 직장 상관인 경우는 두 말 할 필요조차 없다. 하지만 우린 그런 격차까지 나지 않고 단지 몇 개월 빠른 관계일 뿐이었다.

그와 나는 회사에서 두 명이 한 조가 되어 작업을 하는 필요조건으로 만났다. 그가 먼저 입사를 해서 일을 숙지하고 있는 상황에서 내가 들어갔으니 자연 나는 그에게 일을 배워야 할 입장이었다. 같은 일을 하는 다른 조는 벌써 속도가 붙어 많은 실적을 쌓아가고 있었다.

성과급을 적용하고 있으니 상대를 잘 만나야 많은 급여를 보장 받을 수 있다. 제품을 만들어 수출까지 하는 회사다 보니 바쁠 때는 잔업까지 해야 한다. 작업반장이 돌아다니며 무언의 경쟁을 부추기고 있으니 작업자들은 심리적 압박까지 받고 있던 터였다.

처음 일에 손을 대는 이는 숙달되기까지 얼마간의 기간이 걸린다. 남들이 하는 양을 보고 고개만 끄덕거려지지 당사자가 직접 해보면 서툴기 그지없다. 사나흘 정도는 실수투성이다. 단순 반복되는 작업이라해도 공정이 십 여 단계라 그 중 하나만 틀려도 해체하여 다시 시작해야 한다. 거기다 검사조장이 뚫어지게 바라보는 데야 긴장을 하지 않을 수 없다.

문제는 그였다. 자기보다 나이도 많지, 손도 재바르지 않지, 그렇다고 말도 잘 하지 않는 고집불통이라 돌아서서 가슴을 몇 번이나 쳤으리라. 실수를 할 때마다 말은 않고 얼굴만 빤히 쳐다보는지라 괜한 심술까지 났다.

옹알이를 하듯 자신을 위로하며 출근했다. 힘들게 얻은 직장을 이런 장애물 때문에 그만 둘 수는 없었다. 상대방의 시선을 극복해야만 한다고 다짐을 하며 하루하루 연명하듯 지내오던 터였다. 낯이 익고 이야기를 하다보면 나아질 것이라며 자신을 위로했다. 그러던 차, 그에게서 속사포 같은 말이 터져 나왔으니 나도 거기에 대처해야 했다.

나이차가 나면 으레 말을 낮추는 법이라고, 그래야 무시하지 않는다고 비슷한 시기에 들어온 동료가 눈을 찔끔거렸다. 더군다나 그와 같은 조를 이룬 이들이 여러 번 바뀌었다고 주위에서 허리까지 찔렀다.

그는 나를 일주일 동안 파악했으리라. 별것 아니니 마음대로 주무르면 되리라, 아니면 직장선배로서 온건주의자보다는 강하게 치달아 자기의 수입에도 더 가산점을 얻으려고 했는지도 모를 일이었다.

나 또한 고민이 생기기 시작했다. 미소작전을 펼 것인가, 맞대응을 할 것인가. 하지만 난 지금 약자의 입장이다. 흡사 하기 싫으면 또 다른 이를 바꾸면 그만이라는 식이었다.

  2인 3각 경기가 그렇다. 서두른다고 결코 먼저 나갈 수 없다. 박자가 맞지 않으면 분명 발이 엉켜 넘어지기 십상이다. 싫든 좋든 합심하여야 결승점까지 도착할 수 있으니 담합을 하지 않으면 안 된다.

  앙상블을 이루어 내는 연탄연주, 평생을 반려자로 생각하며 해로할 부부간의 사랑, 성인이 되어도 영원히 잊을 수 없는 어린 시절의 짝꿍들은 얼마나 아름다운 조화인가.

  '지금이 기회야, 큰소리를 쳐야 한다. 아니야, 나이 든 내가 참아야지.'

  두 얼굴이 아른거렸지만, 한 순간 고집을 꺾기로 했다.

  아, 나는 보았다. 그가 고개를 숙이고 다른 일을 하고 있는 동안 보이는 가는 목덜미와 야윈 어깨를, 언뜻언뜻 비치는 지천명의 흐릿한 그림자가 가늘게 떨리고 있었다. 따지고 보면 내가 그를 미워할 아무런 이유가 없었다. 한때는 수십 명의 종업원을 거느린 중소기업 사장이었다고 양념처럼 떠벌리던 그, 그 또한 온갖 체면을 극복하며 늘그막에 여기까지 왔으리라.

  앞으로 그의 말에 대거리를 하지 않기로 했다. 그 침묵은 내가 일을 완전히 숙지할 때까지 계속될 것이다.

미완의 삽화

 마음속에 그림 하나 완성하기 점점 어렵다. 듣고 본 게 많으면 세밀하게 그려져야 하는데도 점점 자신이 없어진다. 어쩜 세파에 어지간히 물든 이 철면피한의 행태는 이제 오염된 감성을 전혀 치유할 수 없을지도 모른다. 줄거리가 맞지 않은 이야기 하나를 억지로 끼워 맞춰 삽화 한 장으로 무리하게 표현하려는 것과 무엇이 다르랴.
 새끼돼지가 물에 빠진 모습을 보았다. 몇 번 허우적대기를 반복하며 헤엄을 쳤다. 다리가 긴 소나 개 정도라야 헤엄을 친다고 하지, 그 닳아빠진 부지깽이만한 새끼돼지는 곧 무자맥질해 버릴 것 같았다.
 돼지가 물속에서 필사적으로 짧은 다리를 놀린 이유는, 사람들도 극한 상황에 처했을 때는 지푸라기라도 잡을 심정을 가지는 것과 같다. 일부러 돼지가 도랑물에 들어가지는 않았을 텐데 그 사연 또한 기막히다.

이웃에 살고 있는 김노인은 내년에 칠순잔치를 위해 새끼돼지 한 마리를 장에 가서 샀다. 돼지는 처음 키우는지라 우리를 대충 얼기설기 만들어 새끼돼지 발을 묶어 두었다. 한나절을 그렇게 해 두었더니 다리가 통통 붓고 하도 꿀꿀 대는 게 애처로워 그만 끈을 풀어줬다. 아뿔싸, 그것이 화근이 될 줄 누가 알았겠는가. 새끼돼지는 기회다 싶어 차단막으로 쳐 놓은 비닐을 송곳으로 종이 뚫듯이 박차고 나가온 집안 구석구석 헤집고 다니며 난리를 치고 말았다.

그 녀석이 야산에서 키우던 방목돼지인 줄 김노인은 처음엔 몰랐다. 아침에 어미가 새끼들을 데리고 나갔다가 저녁에 우리로 들어오는 그야말로 자유분방한 녀석을 가두어 놨으니 가만히 있을 리 만무하지. 기회만 있으면 뛰쳐나가려고 호시탐탐 노렸을 것 아니겠는가. 김노인은 발을 동동 굴렀지만 쏘아놓은 살이요, 엎질러진 물이 되어버렸다.

녀석의 분탕질에 늦고추는 떨어지고 세워둔 깻단 넘어지고 늙은 호박 박살나고 애기배추는 주저앉아 버렸다. 김노인은 숨 넘어 가는 소리를 내고 있었다.

마당을 들어서니 노인은 반갑다는 말 대신 털썩 주저앉으며 돼지 새끼에게 욕을 퍼부으며 잡아달라고 하소연을 하고 있었다. 나라고 별 묘안이 떠오르지 않았다. 이리저리 잡으려다 보니 미끄러져 넘어지기를 여러 번, 도저히 이대로는 안 되겠다 싶었다.

집 앞을 흐르는 물도랑으로 몰아넣기로 했다. 녀석이 물에 들어간 이상 힘을 못 쓸 거라 생각하며 합동작전을 펼쳤다. 나는 위에서 몰고 김노인은 입구에 서서 통발에 미꾸라지 들어가듯 몰아넣었다.

갑자기 토끼몰이 갔던 예전 학생 시절이 생각났다. 노루와 토끼는 앞다리가 길어서 오를 땐 쉽게 가지만 내려갈 땐 힘들어 하는지라 야산의 정상에서 아래로 고함을 지르며 토끼몰이를 했다.

그런데 상대의 약점을 이용해서 잡는 방법은 어쩜 비겁한 짓이란 걸 판단되었다. 조그마한 동물 한두 마리 잡으려고 이리저리 뛰어 다니는 비열한 인간으로 밖에 전락되지 않았나 하는 생각도 들었다.

놀라서 오도가도 못 하며 소나무 가지 밑에서 떨고 있던 산토끼의 붉은 눈알, 친구들 몇 명이 작당을 했다. 토끼에게 길을 터주었다. 뒤도 돌아보지 않고 달려가던 그 앙가슴의 생명체. 사진만큼 선명한 삽화 한 장, 추억의 노트엔 지금도 아름다운 동화로 남아있다.

예상은 적중했다. 새끼돼지는 탱자나무 사이를 미끄러지더니 결국 도랑물에 풍덩 빠져 버렸다. "만세!" 일시에 여러 명의 소리가 들려왔다. 돌아보니 어느새 왔는지 동네사람들이 모여 있었다. 순간적으로 무엇을 위해 이들이 손을 치켜들고 박수를 치는지 의문이 갔다. 가끔 한 마리의 생존을 위한 최후의 몸부림이 연극처럼 보여

선가, 내년 김노인의 칠순잔치에 참여하기 위한 눈부조인가.

정작 문제는 그 다음이었다. 어른 배꼽 높이의 시멘트 수로에 빠진 녀석은 필사적으로 꿀꿀대며 허우적대기 시작했다. 눈을 부라리고 갈퀴질을 계속 했다. 그렇게 움직이다 보니 가라앉지 않고 떠 있었다. 하지만 유속 때문에 자꾸 떠내려가기만 했다.

김 노인은 옷을 입은 채 물에 뛰어 들어가 새끼돼지를 온몸으로 끌어안으려고 했다. 그러자 황소가 뒷발길질을 하듯 나부대는 돼지 뒷다리에 김노인은 얼굴에 한 대 얻어맞았다. 노인도 필사적이었다. 이번엔 앞발을 잡고 한 손으로 녀석의 가슴을 안았다. 그리곤 내게 뒷다리를 잡고 끌어올리라는 시늉을 했다. 더럭 겁이 났다. 이젠 모든 책임이 내게 돌아오는 것이 아닌가.

거역할 수 없어 녀석의 두 다리를 잡으니 온몸의 움직임이 발로 다 모여 있는 듯했다. 계속되는 떨림과 불규칙적인 호흡, 거기다 내 속에 있던 두려움까지 범벅이 된 채 20여 킬로그램 되는 새끼돼지의 무게는 고스란히 내게로 전해졌다.

순간, 새끼돼지의 눈을 바라보고 난 얼어붙고 말았다. 예전에 포위된 토끼의 충혈된 눈이었다. 갑자기 손에 힘이 빠져나가는 느낌이 들었다. 중심을 잡지 못 하고 휘청거렸다. 녀석의 감각에 전달되었는지 최후의 발악이 시작되었다. 발버둥 치는 녀석, 꽉 잡으라는 고함소리, 이성을 잃은 김노인의 모습이 클로즈업 되자 양손에 힘이 가해졌다.

역시 난 욕망에 가득 찬 한 인간일 뿐, 녀석의 저항이 워낙 세다 보니 나도 모르는 사이에 미끄러졌다고 변명을 했으면 되었을 텐데. 결국 토끼와 새끼돼지의 충혈된 눈의 공통분모를 찾지 못했다. 판단은 일시적이다. 앞뒤를 가늠하다 후회하는 일이 더러 있다. 간혹 도로를 질주하다 노상에 과일상자를 쏟아 안절부절못하는 모습을 보다 그대로 지나쳐 버리는 경우, 브레이크를 잡으려다 지나쳐 버릴 때 늘 후회하는 것처럼.

 한바탕 소동이 일어나곤 녀석도 나도 기진맥진한 상태가 되었다. 김 노인은 끈을 가져와서 통통 부은 뒷다리와 다른 다리까지 구속을 했다. 녀석은 체념이라도 한 듯 간헐적으로 꿀꿀 거리며 우리를 빙빙 돌고 있었다. 숫제 나와는 눈조차 맞추려고 하지 않았다.

 차라리 그때 손을 놓아 버렸다면 녀석은 지금쯤 온 산을 제 집인 양 휘젓고 다니고 있으리라. 나를 보곤 멀리서 꿀꿀 거리며 아는 체를 할 것이다. 한 순간의 행동이 사그라지는 감성을 다시 불붙일 수 있는 계기가 되고 오늘 저녁 두 다리를 쭉 뻗고 유년의 토끼를 생각할 수 있었을 텐데.

 내가 끼어들지 않아도 충분히 되었을 삽화, 완성되지 않은 그림 한 장으로 남게 되었다.

 가을의 중간에 서 있던 중년사내 하나, 패잔병처럼 비틀거리며 귀가하고 있었다.

중앙로역에 서서

 중앙로역이 사고 후 복원되어 전국에서 제일 안전한 역사로 바뀌었다고 자랑하고 있었다. 좌석과 내부도 불연성 소재로 바뀌어졌다고 했다. 그러나 나는 지금도 지하철을 타러 가며 발걸음이 무겁다. 아직도 울려 나올 것 같은 아우성 때문이다. 해마다 그날이 다 가오면 조화가 세워지고 애도의 소리가 이어지지만 그것이 무슨 소용이란 말인가. 역 이름이 살아있는 이상 그날의 기억은 내내 지워지지 않으리라. 고인들에겐 읍례(揖禮)하고, 다시 듣고 싶지 않은 그때의 단말마 같았던 짧은 신음소리를 더듬는다.
 큰딸아이는 그날 신입생 오리엔테이션이 있다고 들뜬 기분으로 학교에 갈 준비를 하고 있었다. 지난해에 이미 입학하였지만 과가 적성에 맞지 않다며 재수를 하였다. 한 해를 숨죽여서 바라보는 가족들의 마음은 가시방석과도 같았다. 신중하지 못하다고 핀잔을 주어선가. 아이는 얼굴 들기를 거북스러워하며 새벽같이 지하철을 타고 학원으로 도서관으로 내달았다. 그래 다행스럽게도 본인이 들어가고 싶은 학과에 들어갔던 터였다.

잘 다녀오라고 말하고 출근하였다. 그런데 오전 11시가 넘어 사무실에서 쉬고 있노라니 여기저기서 난리였다. 지하철 중앙로역에서 한 정신이상자가 불을 질러 상. 하행선 전동차가 불바다가 되어 차에 탄 대다수가 사망하였다는 소식이었다. 사고 시각이 한 시간 전 정도였다면 우리 아이가 그때쯤 차를 타고 지나갈 시간이었다.

집으로 내달아 급히 아내를 불러 보았지만 그때까지 모르고 있었다. 무엇부터 먼저 해야 될까. 호랑이에게 물려가도 정신만 차리면 산다지만 아무것도 생각나지 않았다. 텔레비전 화면에는 지하에서 흘러나오는 검은 연기가 도시를 뒤덮고 있었다. 저 안에 우리 아이가 있단 말이 아닌가! 발을 구르다 못해 말문이 막혀, 입고 있던 옷을 물어뜯었다. 1995년 아침이 떠올라 더욱 가만히 서 있을 수가 없었다.

그날도 여느 때와 같이 출근 준비를 하고 있었다. 막 집을 빠져나가려는데 느닷없이 대포소리보다 더 큰 굉음이 계속 울렸다. 어디서 가스통이 폭발했나 싶었다. 놀라 출발하려던 차에서 내렸다. 그런데 이게 어찌 된 일인가? 집에서 불과 수백 미터 떨어진 상인동 지하철 공사장에서 가스가 폭발하여 복공판이 하늘을 날고 폭발음이 계속 이어지고 있었다. 잠시 후 내가 통과해야 할 장소가 아닌가.

 눈앞에선 맨발의 엄마들이 내닫고 있었다. 그곳은 중·고등학교가 밀집해 있는 곳이었다. 아침밥 잘 먹고 학교에 간 아이들이 변을 당했다는 소식을 듣고 얼굴이 백지장이 되어 달려가고 있는 것이었다. 현장 가까이 가 보았다. 꿈에서만 보던 지옥이었다. 그냥 쓰러진 육신은 형체라도 알아 볼 수 있을 텐데, 그도 저도 아닌 시신은 흡사 인형을 해체해 놓은 것 같았다. 모든 물상들은 마치 종잇조각처럼 구겨져 얼키설키 엉망이 되어 있었다.

 그날의 모습들이 눈앞에 겹쳐 다가오고, 내 아이가 쓰러져 있는 모습이 눈앞에 어른거렸다. 이미 정신은 빠져나가고 입에선 헛소리만 나왔다. 겨우 방송사에 전화를 해 보았지만 아직은 사고자 명단을 알 수 없다고 했다. 둘째아이가 계속 전화를 하고 있었다.

 "제발 받아다오. 아직 네게 못한 말들이 많단다."

 그때였다. "어 어 어…" 하다가 목소리가 끊어졌다. 고통에 괴로워하는 목소리였다. 이젠 드디어 올 것이 왔구나. 꿈이 아닌 현실이었다. 목구멍이 죄어들고 눈은 이미 초점을 잃었다. 연기를 마시며 아이는 얼마나 괴로워 말도 못하고 그런 소리를 냈을까.

 "아이야, 차라리 내가 대신 그 불바다로 갈게. 이대로 널 보낼 순 없어."

 냉수를 마시려 해도 넘어가지 않았다. 양말은 벗겨지고 신발도 한 짝만 겨우 신고 헛다리짚으며 차에 올랐다.

바로 그때였다. 둘째아이가 호들갑을 떨었다.
"언니가 살아있어요. 여기 문자 왔어요."
꿈결인가. 꿈이라면 깨지나 말게 해주소서. 짧은 메시지로 존재를 알려 왔다. 만세를 불렀다. 서로 부둥켜안고 목이 터져라 고함을 질렀다. 아이가 탄 전동차는 사고열차인 1079호, 바로 앞차였다. 아이는 학교에서 오리엔테이션 중이었다.
"고맙다. 아이야 너로 인해 이 아비는 다시 살았구나. 하지만 우리를 대신한 그들이 갔는데 어찌 할까."

"왜 에 에 엥-."
2004년 2월 18일 오전 9시 53분. 차를 세우고 묵념을 하였다. 대구 중앙로 지하철 사고 1주기 추모의 사이렌 소리였다. 검은 상복을 입은 유족들도 국화꽃 배지를 단 동료들도 일 년 전을 생각하며 오열하고 있었다.
초등학생들이 그린 그림에는 '자동안전장치, 천국의 문, 무엇이든 도와 드려요.'라며 도화지 위를 전동차가 달리고 있었다. 이 아이들에게 남겨줄 얼룩진 유산을 어떻게 이야기할까?
'지현아, 천상에서 만나자 꾸나, 너무나 미안하다 잘 지내.'
'아이야, 이승과 저승을 오가는 차표예매는 구해도 없더구나.'라고 적은 흰 풍선은 하늘로만 오르고 마르지 않은 사연들로 모두들 슬퍼하고 있었다. 이들의 기억 속에 각인된 상처를 어떻게 치료할 수 있을까?

　꿈과 희망도 타의에 의해 무너질 수가 있다. 그것을 자신의 운명으로 받아들이기엔 너무 억울하다. 슬픔은 순간이고 그 기억의 편린들은 작은 먼지가 되어 그렇게 자꾸 흩어져 버리고 있다. 한 번도 없어야 될 일을 연속되도록 알량한 인간들의 아집은 계속되고 있는 현실을 바라보라. 과연 이 엄청난 상처를 누구의 잘잘못으로만 돌릴 것인가. 그날의 상처는 역 이름이 그대로 존재하는 한 결코 우리들에겐 떠나지 않을 것이다.

　그래 한 가지 제안을 해 본다. '중앙로역'을 '희망역'으로 바꾸기를….

　대구에서도 2호선이 개통되어 시민들은 중앙으로 몰려들고 있다. 곧 3호선도 개통될 것이다. 대구의 중심 역을 희망 역으로 바꾼다면, 경기가 침체되어 움츠리고 있는 시민들에게도 힘을 줄 것이고, 고인들과 유족들에게도 다소나마 위안이 되지 않을까. 더 이상 사고 잦은 도시라는 오명을 벗고 활기차게 지하철을 이용할 수 있지 않을까 생각해 본다.

　굳이 역명을 지역의 이름으로 할 필요가 있을까. 지하철의 효시인 영국에서도 역명을 명문 축구구단의 이름으로 지어 지역의 결속을 다지고, 강원도 '신남역'은 '김유정역'으로 바뀌면서 얼마나 문학적 가치가 되살아났는가. 중앙로에 가면 희망이 보인다고 250만

대구 시민뿐만 아니라 외부인들도 희망을 찾아 몰려들 것이다.

  나는 오늘도 중앙로역 입구에 삐뚜름하게 서서 언제나 허리 한 번 곧추 세워 힘차게 계단을 내려가 볼까. 그 희망으로 지하를 바라보고 서 있다.

추락, 그 미완의 아우성

"툭!"

호박 한 통이 옥상에서 떨어지는가. 저절로 주위를 돌아보게 했다. 미명의 시각. 추락을 방해할 그 아무것도 없는 공간이다. 고개를 갸우뚱거렸다. 그러나 혼자 감당하기엔 왠지 부담스럽다는 생각이 들었다. 그냥 지나치기로 했다.

문득 얼마 전 살고 있는 아파트 옆동의 새댁이 젖먹이 아이를 두고 고층에서 추락했던 일이 번개처럼 스쳐 지나갔다. 비명소리에 사람들은 혀를 차며 몰려들었다. 숨을 헐떡이며 달려 온 그녀의 남편은 장승처럼 서 있었다.

"나는 어쩌라고…"

이른 새벽, 그것도 오늘은 일요일이다. 새벽잠이 다시 들어 절벽에서 떨어지는 꿈을 꾸곤 놀라 일어났다. 뒷목이 뻐근하고 몸이 천

근만근 같았다. 잠자리를 박차고 일어나 다시금 집을 나섰다.

아파트 주위를 한 바퀴 더 돌고 싶었다. 이상했다. 범인이 범행 장소를 다시 찾는다고 했던가. '별것이 아니겠지' 위안을 먼저 했다. 만약 살아있는 것이 떨어졌다면 비명이라도 들렸을 것이 아닌가. 다행스레 그 소리는 그리 육중한 것은 아니란 생각에 적이 안심은 되었다. 도둑고양이처럼 다가갔다.

빈 소주병이었다. 화단의 부드러운 흙 위에 떨어져 정물로 놓여 있었다. 어쩜 자기의 할 일을 다 한 후의 모습처럼 평화롭게 보였다. 만약 보도블록 위에 떨어졌더라면, 강변에 불어오는 북서풍에 우는 갈대소리보다 더 앙칼지게 들렸을 것이다.

번지점프도 추락하는 것에 진배없다. 그런데 왜 사람들은 자신을 그렇게 던져버리고 싶어 하는가. 자신의 몸 전부를 내던지고 과연 남는 것은 무엇인가. 안전장치가 예비 되었다한들 추락하면 그것으로 끝이 아닌가.

점프를 한 적이 있는 딸아이에게 왜 뛰었는지 물었다. 호기심 때문이라고 했다. 아무리 마력 같은 신비로움이 있어도 자신을 추락하면서까지 그 해답을 찾으려는 무모함이 이해되지 않았다. 분명 아이도 처음 발판에 섰을 때는 '만약…'을 생각했으리라.

어린 아이를 귀엽다고 허공에 던졌다 받는 행위가 아이의 뇌세포를 파괴시킨다고 한다. 어른의 손아귀에서 벗어나는 순간, 아이는 웃는 듯 우는 듯 아주 미묘한 표정을 짓고 비명을 지른다. 아이는 순간 혼자가 된다. 그건 세상에 태어나서 처음 느끼는 공포감일 것이다. 그럼에도 어른들은 아이의 자지러지는 모습에서 웃는 것인 양 착각하고 그 행위를 반복한다.

 '이젠 그만, 이건 결코 나를 행복하게 하는 게 아니에요.'

 한 젊은 작가의 소설 『낮잠』을 읽다 추락에 대해 생각해 봤다. 추락은 수직적인 개념이기도 하지만 수평적인 의미도 내포하고 있다. 지구가 둥글고 움직이는 것은 아주 천천히 우리 일상에 다가오기 때문이다. 눈에 보이지 않을 정도의 미세한 차이를 미처 느끼지 못하게 한다. 인간의 삶은 중년이 지나면 마치 특급열차라도 탄 듯 빨리 달려가고 있다는 걸 느낀다고 한다. 그건 살아 온 날보다 살아 갈 날들이 짧다는 것을 감지해서일 것이다. 소설 속의 주인공은 일흔이 되기도 전에 요실금 때문에 기저귀를 차야만 했다. 수 십 년 동안 직장을 다니다 아직 손을 놓을 때가 아닌데도 자식들은 그들의 지분을 요구했다. 처음엔 거부하다, 결국 나누어 주고 자기 몫을 가지고 노인요양원에 들어왔다. 자주 찾아오겠다던 자식들은 더 이상 아비의 손에서 나눠줄 선물이 없는 걸 알아차리곤 일 년에 한두 번, 그도 전화질 뿐이었다.

 '자꾸만, 세상의 중력도 서쪽으로 작용하는 느낌이었다. 떨어지는 해처럼, 나도 떨어지겠지. 가겠지. 곧 가겠지.'

 주인공의 독백이 문득 나의 넋두리를 듣는 것 같았다.

 그의 말에 따르면, 나는 채 이십 년도 남지 않았다. 아니 십오

년, 그보다 더 짧을 수도 있다. 아직 시작도 않은 일이 많은데 중도 탈락하는가 생각하면 공연히 떨리기까지 한다. 시간이 지나고 나면 아이들도 현실적으로 받아들일 것이고, 주위 상황들은 중년남자 하나의 생 정도는 거들떠보지도 않을 것이다. 지금 내가 서 있는 위치를 잃어버린다는 건 분명 비참한 일이다. 에둘러 다니지 말고 이젠 미로 찾기를 끝내야겠다. 무겁고 아팠던 몸을 다시 추스르고 풀어야만 했다.

요즘 '미리 일기 쓰기'를 시작했다. 지금은 오일 치를 앞질러 간다. 며칠 앞 선 삶을 꿈꾸고 싶어서다. 내일도 모레도 과거가 될 수 있고, 하루하루를 추락하지 않기 위해서다.

분명 추락하는 것은 미완성일 뿐이리라. 떨어지며 지르는 아우성은 강한 삶의 욕구가 아닐까. 어린 새댁과 번지점프를 하는 이들, 젊은 작가가 본 노인의 모습, 허공을 향해 던져진 아이에게 미리 날개를 달아줬다면 얼마나 좋았을까.

어느새 새벽하늘이 희붐하다. 몇 바퀴 더 돌아야겠다.